定期テスト対策 ▶ 高校入試

改訂版

中2英語

が面白いほどわかる本

音声
ダウンロード
付

河合塾講師
麦谷郁子

＊この本には「赤色チェックシート」がついています。

- **30年間の授業実践がつまった「英語の基礎参考書」です。**

　この参考書は、中学生のみなさんのために書いた、英語の「基礎」を解説したものです。「基礎」というのは、「簡単なこと」ということではなく、「英語の最も土台になる考え方」ということです。ですので、学校で学習する内容を詳しく掘り下げた解説がたくさん出てきます。

　私は約30年間、河合塾で中学生に教えてきました。この参考書は、生徒のみなさんの答案のまちがいを分析し、質問に答えるなかで培ってきた私の授業の様子を文章にしたものです。「この誤りを一人でも少なくするにはどう説明したらよいだろうか」「同じ質問をされないようにするにはどう説明したらよいだろうか」と日々考え、毎年コツコツとブラッシュアップしてきた最新の授業がつまっています。

　ですから、この参考書は、今まで私の授業を受けてくれたすべての生徒のみなさんのおかげで出来上がったものです。私の授業を受けてくれたみんな、ありがとう。
　そして、この参考書を今手にしているみなさん。ぜひこの一冊を通して、「英語の考え方」を身につけていってください。

● はじめから**読んでください。**

　この参考書は、前の節の内容がその節の解説や問題に含まれており、一冊を通してすべてが関連するように構成されています。ですので、途中から読み進めても、文法用語や解説内容などが難しく、はじめから読まないとわかりにくい仕組みになっています。

　なぜなら、「今日学んだことは、昨日学んだことと何がちがうの？」「今日学んだことだけがテストに出るならいいけど、昨日学んだことも混ざってくると答える自信がない…」このような悩みが実に多く、中学生のみなさんのそれらの悩みに答えるために、この参考書は構成されているからです。

　ですが、大事なことは、何度も何度も繰り返していますので、安心してください。

　また、英語学習でポイントとなるところは、はっきりわかるように示してもいます。「ただ解いて終わり」なのではなく、しっかりと前後の関係も意識しながら学習を進めてください。

むぎたにいくこ
麦谷郁子

改訂版　中2英語が面白いほどわかる本
も く じ

イントロダクション ：テーマごとの、学習項目が書かれています。
ここを意識して取り組んでみましょう。

確認しよう ：学習項目ごとの基本的な例文が書かれています。暗唱できる
くらいになれば、英語への理解が一段と深まります。

英語の ツボ ：英語学習のポイントが書かれています。それぞれの内容は他
の学習項目に関連することが多いので、何度も振り返りなが
ら、「英語の考え方」を身につけましょう。

例題 ：解説を中心とした確認の問題です。時間をかけてじっくり解
くのではなく、テンポよく学習することを意識しましょう。

練習問題
チャレンジ問題 ：学習した内容を知識として定着させるための問題です。ノー
トなどに答えを書いて、何度も解けるように工夫しましょう。

赤シートの使い方

赤字になっているため、赤シートでかくすことができます。

①重要なところ
本文で重要なところは理解できるまで繰り返し確認しましょう。

②問題の解答
練習問題 や **例題** は解き終わったらすぐに確認しましょう。

③語句（音声付き）
本文中に出てきた 語句 は音声といっしょに覚えましょう。

【本書の学習に際して】
ご使用の教科書により、学習する内容や順番にちがいがあります。
そのため、学習を進める際に「まだ習っていない内容が入っている（未習）」
もしくは、「すでに習った内容が入っている（既習）」という場合がございます。
未習の場合は先取り学習、既習の場合は復習することで再定着を図れるという
メリットもございますので、学習の状況に応じてご活用ください。

音声ダウンロードについて

- この本の巻末には、本文中に出てきた 語句 を音声付きでまとめています。以下からダウンロードして聴くことができます。

> https://kdq.jp/6BVk4　　ID：chuei2　　PASS：omowaka_2

- 上記ウェブサイトにはパソコンからアクセスしてください。携帯電話・スマートフォン・タブレット端末からはダウンロードできませんのでご注意ください。
- 音声ファイルは MP3 形式です。パソコンに保存してパソコンで再生するか、携帯音楽プレーヤーに取り込んでご使用ください。
- 本サービスは予告なく終了する場合があります。あらかじめご留意ください。

 ## スマートフォンで音声を聴く場合

abceed アプリ（無料）

> Android・iPhone 対応

 https://www.abceed.com/

- ご使用の際は、スマートフォンにダウンロードしてください。
- abceed pro は有料です。
- 使い方は上記 URL よりご確認ください。

カバーイラスト：日向あずり
本文イラスト（顔アイコン）：けーしん
本文デザイン：田中真琴（タナカデザイン）
校正：鼎, アラレス
組版：エヴリ・シンク

■■ イントロダクション ■■

☑ 一般動詞の文の構造を理解する ▶ 1
☑ 英文の語順（主語→動詞→目的語→修飾語）と使われる品詞を知る ▶ 1
☑ 自動詞の文と他動詞の文のちがいを知る ▶ 1
☑ be 動詞の文の構造を理解する ▶ 2
☑ be 動詞の「イコール」と「存在」の 2 つの意味を知る ▶ 2
☑ 名詞の働きと置かれる場所を知る ▶ 3
☑ 数えられる名詞と数えられない名詞の表し方を知る ▶ 3

　2年生では、最初のうちは主に動詞の時制について学ぶことになります。ただ、英語の学習では、英文の構造を常に意識することが重要なので、まずは 第1節 と 第2節 で英文を作るときのポイントである品詞（動詞・名詞・形容詞・副詞）を復習しておきましょう。

　はじめに、動詞と名詞について学習していきます。

レッスン 1　一般動詞の文

◆文の構造とそれぞれの品詞

　一般動詞の文がどのように作られているのか考えてみましょう。「私は上手にテニスをします」を英語で言えますか？

> I play tennis well. です。

　じゃあ、「私は公園でテニスをします」は英語で言えますか？

> I play tennis in the park. です。

　ちゃんと正しい英文が言えますね。すばらしいです！
　この 2 つを暗唱例文として言えるようにしておけば、一般動詞の文がど

のように作られているかを理解することができます。

◆一般動詞の暗唱例文

確認しよう

・I play tennis well. 「私は上手にテニスをします」
　主語　動詞　目的語　修飾語

・I play tennis in the park. 「私は公園でテニスをします」
　主語　動詞　目的語　　　　　修飾語

▶一般動詞の英文の公式

名詞	動詞	名詞	副詞 / 前置詞 + 名詞
主語	**動詞**	**目的語**	**（修飾語）**
「～は」	「する」	「～を」	（飾り）

　一般動詞の文は、主語（「～は」にあたる部分）、動詞（「～する」の部分）、目的語（動詞のあとの「～を」にあたる部分）、そして修飾語（動詞を修飾する部分）から成り立っています。この中で修飾語はなくてもよいし、複数つけることも可能なので、上の公式では（　　　）をつけてあります。

　たとえば、先ほどの暗唱例文の修飾語のwellは副詞で、in the parkは〈前置詞＋名詞〉です。前置詞は「名詞の前に置く詞（言葉）」の意味で、必ず後ろに1つの名詞をともない、〈前置詞＋名詞〉で意味のまとまりになります。「～の中に」のように、意味を示すときに「～○○」の形で表すもの、onやatやtoなど、比較的短い単語が前置詞です。

　また、英語と日本語では、語句の順番がちがいます。英文は公式のとおり、「主語→動詞→目的語→修飾語」の順です。しっかり覚えましょう。

▶品詞というのは、名詞や形容詞など、単語をその働きによって分類したものです。

英語のツボ❶

■主語→名詞

■動詞→動詞

■目的語→名詞

■修飾語→副詞、もしくは〈前置詞＋名詞〉

次の日本語に合うように、（　　　　　）内の語句を並べかえ、意味の通る英文にしなさい。

(1) 彼は簡単にその問題を解きました。

　　He (easily / the question / answered).

(2) 私は昼食にパンを食べます。

　　I (lunch / bread / eat / for).

(3) 彼女は、台所でお母さんのために昼食を作っています。

　　She (her mother / lunch / is making / in / for) the kitchen.

解 答

(1) answered the question easily

(2) eat bread for lunch

(3) is making lunch for her mother in

語句 (1) easily「簡単に」／ question「問題」／ answer「〜を解く」 (2) lunch「昼食」／ bread「パン」／ eat「〜を食べる」 (3) kitchen「台所」

解 説

　(1) easily は「簡単に」という副詞です。日本語では「簡単にその問題を」と書いてありますが、英語では「その問題を」が先にきます。

　(2)(3)にも「昼食」が出てきますが、どちらの「昼食」が目的語になるかを考えましょう。「〜を」にあたる名詞が目的語です。したがって、(2)の目的語は「パン」ですね。for は食事名につけて、「〜（食事）のために」の意味の前置詞です。

　(3)目的語は「昼食」ですね。She is making lunch のあとに〈前置詞＋名詞〉を2つ置きます。「お母さんのために」が for her mother、「台所で」が in the kitchen です。(2)とは for の使い方がちがいます。食事名につく for ではないので気をつけましょう。

◆自動詞の文と他動詞の文

　では、話を次に進めます。

　また2つ英文を言ってもらいましょう。おそらく言えるはずです。「私は毎日学校に行く」は英語でどのように言いますか？

I go to school every day. です。

そうですね。では、「私は日本に住んでいます」は言えますか?

I live in Japan. です。

そうですね。p.11の暗唱例文とちょっとちがうのがわかりますか? 先ほどの例文は動詞のあとに目的語にあたる名詞がきましたが、今回の文は動詞のあとにすぐ前置詞がきています。

実は一般動詞には、そのあとに目的語がくるものと、目的語がこないものがあるのです。**後ろに目的語がくる動詞を**他動詞**といいます。後ろに目的語がこない動詞を**自動詞**といいます。**

▶自動詞の文では、動詞のあとに修飾語が続くことが多いです。

他動詞と自動詞の定義は、目的語が後ろに「くる」か「こない」かですが、これを動詞のあとに置かれる品詞で考えると、他動詞は後ろに目的語がくるから 名詞 がくる、自動詞は目的語がなくて修飾語が続くから 副詞 や 〈前置詞 ＋ 名詞〉 がくるということになります。「目的語がくるか、こないか」という説明は漠然としていて、結局あとに何を置いていいのかわからないかもしれませんが、品詞に置き換えれば、あとに何を置くべきかが明確になります。

英語の ツボ❷

■**他動詞＝後ろに目的語がくる**
　　→**後ろに** 名詞 **がくる♪**
■**自動詞＝後ろに目的語がこない**
　　→**後ろに** 副詞 **、もしくは** 〈前置詞 ＋ 名詞〉 **がくる♪**

今後、他動詞は 他、自動詞は 自 と書いていきますね。

どんな動詞が 他 か、どんな動詞が 自 かは、正確には辞書を見てもらわないとわかりませんが、簡単に予想を立てる方法があります。

動詞で切ったときに、「何を？」と聞けるものが㉘、「何を？」と聞けないものが㉗です。先ほどのmakeは「作る」ですから、「何を？」と聞けますね。だから㉘です。goは「行く」ですから「何を？」とは聞けません。だから㉗です。

これはあくまでも予想を立てる手段ですし、例外もありますが（例外ほど試験に出やすいともいえます）、まず、今から使おうとしている動詞が㉘なのか㉗なのか、つまり、あとに名詞を置くのか、それとも副詞や前置詞を置くのか、そこに意識を向けることが大事です。

英語の ツボ❸
■**動詞のあとにどんな品詞を置くかを意識することが大事♪**

英語では主語のあとに動詞を置く、ということが強調されることが多いです。なぜなら、その語順のちがいこそが日本語との明らかなちがいであり、英語を理解するうえでは重要だからです。ですが、「そのあとどうするの？」がむしろ問題で、みなさんが一番悩まれるところでもあります。それを解決する手段が、㉗と㉘の考え方なのです。

ではここで、「何を？」という見分け方の例外について、 例題 をもとに説明していきます。

例題
次の英文の（　　）内から適当な語句を選びなさい。
(1) I (call, call to) one of my friends every day.
(2) I was (listening, listening to) music in my room at that time.

解答
(1) call ／「私は毎日友達の一人に電話します」
(2) listening to ／「私はそのとき部屋で音楽を聞いているところでした」

語句　(1) call「～に電話をかける」／ one of「～のうちの１つ［一人］」／ friend「友達」／ every day「毎日」 (2) listen「聞く」／ music「音楽」／ room「部屋」／ at that time「そのとき」

解説

(1)のcall「電話をする」は、「だれに？」と聞きたくなりますから、自と思うかもしれませんが、実は他です。逆に(2)のlisten「聞く」は、「何を？」と聞きたくなりますので他と思うかもしれませんが、実は自です。前置詞toを後ろにつけた形listen toで初めて「～を聞く」でしたね。

「何を？　だれを？」と聞けないのにcallは他、「何を？　だれを？」と聞けるのにlistenは自、このような例外扱いの動詞はよく出題されます。いくつか例を書いておきます。今後は自分でこのリストを増やしていってください。

「何を？　だれを？」と聞けないのに他動詞		「何を？　だれを？」と聞けるのに自動詞	
call	～に電話する	look at ～	～を見る
see	～に会う	look for ～	～をさがす
answer	～に答える	listen to ～	～を聞く
visit	～に行く	wait for ～	～を待つ

他は、意味を書くときに、名詞の部分を「～」にしておくようにしましょう。そうすると、いつも「後ろに名詞が続くんだな」と意識できます。前の意味を書くときも同様です。「～」は「名詞が必要！」の目印です。

練習問題 ②

次の英文の（　　）内から適当な語句を選びなさい。
(1) I (stayed, liked) in America.
(2) He is (studying, cleaning) in this room now.
(3) I went (to there, there) by train last month.

解答

(1) stayed ／「私はアメリカに滞在しました」
(2) studying ／「彼は今、この部屋で勉強をしています」
(3) there ／「私は先月そこへ電車で行きました」

語句 (1) stay「滞在する」／like「～が好きだ」／America「アメリカ」 (2) study「(～を)勉強する」／clean「～をそうじする」／now「今」 (3) went (go「行く」の過去形) ／there「そこで：そこへ」／train「電車」／last month「先月」

（1）後ろに〈前置詞＋名詞〉が続いているので、圓を選びます。

（2）studyは「勉強する」です。「何を？」と聞けるので、他で用いることが多いですが、圓としても用いられます。しかし、cleanは他で、clean this room「この部屋をそうじする」になります。したがって、この問題ではstudyを圓として扱います。studyingを選び、「彼は今、この部屋で勉強をしています」の意味になります。1つの動詞を、他で用いたり圓で用いたりすることもあるので気をつけましょう。

（3）wentはgoの過去形ですね。goは圓で、go to ～「～へ行く」で覚えている人も多いと思いますが、thereは「そこで；そこへ」という副詞なのでtoは不要です。

レッスン2 be 動詞の文

次に、be 動詞の文を復習しましょう。まずは、「私は生徒です」と「私は幸せです」を英語で言ってください。

> I am a student. と I am happy. です。

そうですね。be 動詞のあとに続くものを補語とよびます。主語の補足説明をするものです。**be 動詞は主語と補語をイコールでつなぐ働き**でしたね。わかりやすく言うと、「何は、何だ」と、主語を名詞で補足説明するか、「何は、どんなだ」と、主語の様子や状態を表す形容詞で補足説明するかのどちらかになります。

◆ be 動詞の暗唱例文

確認しよう

・I am a student.   「私は生徒です」
　主語 動詞　　補語

・I am happy.   「私は幸せです」
　主語 動詞　補語

英語の ツボ④
■補語→名詞・形容詞

> be 動詞は「〜です」のほかに、「いる；ある」という意味もありませんでしたか？

　そうでしたね。be 動詞も一般動詞と同様、あとにどんな品詞がくるかが大事なのです。

英語の ツボ⑤
■動詞のあとにどんな品詞を置くかによって、動詞の意味が
　決まる♪

　「いる；ある」という存在の意味になるときは、be 動詞のあとに修飾語に相当する副詞もしくは〈前置詞＋名詞〉を置きます。

▶ イコール の意味の be 動詞の英文の公式： 第1公式

[名詞]	[動詞]	[名詞]／[形容詞]
主語	**動詞**	**補語**
「〜は」	「です」	「……」

イコール

▶ 存在 の意味の be 動詞の英文の公式： 第2公式

[名詞]	[動詞]	[副詞]／[前置詞]＋[名詞]
主語	**動詞**	**(修飾語)**
「〜は」	「いる；ある」	「……」

存在

▎練習問題

次の文を英語になおしなさい。

(1) ①彼は私の英語の先生です。

　　②彼は私の英語の先生のそばにいます。

(2) ①私の英語の先生は背が高い。

②私の英語の先生はここにいます。

(1)① He is my English teacher. ② He is by my English teacher.
(2)① My English teacher is tall. ② My English teacher is here.

語句 (1) teacher「先生」／ by「〜のそばに」 (2) tall「背が高い」／ here「ここに」

解説

「イコール」の意味か「存在」の意味かを考え、is のあとに置く品詞を意識しましょう。

(1)①「イコール」の意味です。補語に名詞を代入しました。②「存在」の意味です。場所を表す前置詞が書けましたか？

(2)①「イコール」の意味です。補語に形容詞を代入しました。②「存在」の意味です。here は「ここに」という意味の副詞です。

レッスン 3 名詞

◆名詞が置かれる場所

一般動詞の文とbe動詞の文を復習してきましたが、そこから少し掘り下げて、名詞の働きと使われる場所を再確認しましょう。

英語のツボ6
■名詞→主語・目的語・補語・前置詞の目的語 (前置詞のあとの名詞のこと)

◆数えられる名詞と数えられない名詞

名詞は**数えられる名詞** C と**数えられない名詞** U に分けられます。

C はさらに、**単数**と**複数**に分けられ、**単数**にはone の意味の **a / an**、複数には**語尾に -s** をつけます。

▶ C は「数えられる」という意味のcountable、 U は「数えられない」という意味の uncountable の頭文字を取ったものです。

▶名詞の全体像

名詞
- 数えられる名詞 [C]
  - 単数（1つ）a pen
    - ▶名詞の前にa/anをつける
  - 複数（2つ以上）pens
    - ▶名詞の語尾に-sをつける
- 数えられない名詞 [U] music, water, Japanなど

ここで大事なことは、[C]は単独では使えないということです。

英語の ツボ❼

■**数えられる名詞 [C] はそのままでは使えない♪**

とくに[C]の単数は、a以外にも限定詞とよばれるものを1つつける必要があります。限定詞とは、冠詞（a / an / the）や所有格（my / your / his / her/ Bob'sなど）にあたるもので、その名詞が1つに限定されるかどうかを表すものです。

名詞を修飾する形容詞を置くとき、その位置は限定詞と名詞の間になります。**限定詞から名詞までが1つの名詞のかたまり**となり、これまでの公式で確認してきた主語や目的語などに代入されます。

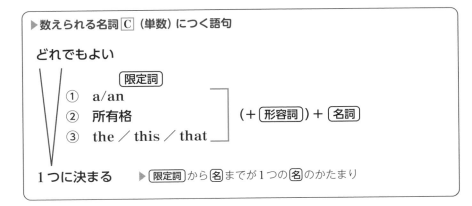

▶**数えられる名詞 [C]（単数）につく語句**

どれでもよい

[限定詞]
① a/an
② 所有格
③ the ／ this ／ that

（＋[形容詞]）＋ [名詞]

1つに決まる　　▶[限定詞]から[名]までが1つの[名]のかたまり

限定詞にあたる冠詞や所有格は、日本語に訳さないことも多いです。名詞に限定詞がついているか、そしてその名詞が英文のどこで使われている

のか、次の問題で確認しましょう。

練習問題

次の文を英語になおしなさい。
(1) 私は右手にペンを持っています。
(2) 黒板を見なさい。
(3) 父は英語の先生です。
(4) 日本とアイルランドは島国です。

解 答

(1) I have a pen in my right hand.
(2) Look at the blackboard.
(3) My father is an English teacher.
(4) Japan and Ireland are island countries.

語句 (1) have「～を持っている」／ pen「ペン」／ right hand「右手」 (2) blackboard「黒板」 (3) father「父」 (4) Ireland「アイルランド」／ island country「島国」

解 説

　(1)主語はI、動詞はhave「～を持っている」です。「何を？」と聞きたくなるので、haveは他で、後ろに目的語の名詞penを置きます。限定詞をつけましたか？　初めて出てきた名詞で特定されていませんから、a penです。このあと〈前＋名〉が続きます。前は「～の中に」のinで、そのあとの名詞が「右手」です。right handに限定詞をつけましたか？　他人の手ではありませんから、所有格myをつけてくださいね。rightは形容詞で、前からhandを修飾しています。

　(2)look「見る」は「何を？」と聞きたくなりますが、例外的に自でしたね。あとに前のatが続きます。そのあとの名詞blackboardに限定詞をつけましたか？　命令文ですから、文脈上、どの黒板かが特定されるので、theをつけます。

　(3)「イコール」の意味のbe動詞の文です。主語はfatherです。限定詞をつけましたか？　家族関係を表すので所有格をつけます。my fatherになります。補語の名詞English teacherに限定詞をつけましたか？　母音から始まっているので、anをつけてください。Englishは形容詞で前からteacherを修飾しています。

⑷ U と複数名詞も確認しておきますね。⑶と同様、「イコール」の意味のbe動詞の文です。主語はJapan and Ireland。Japan、Irelandはそれぞれ固有名詞 U ですが、複数で主語となっているので、be動詞はareを用います。主語が複数になれば、補語も複数になるのでしたね。island countryは C なので、複数形にします。

形容詞・副詞

■■ イントロダクション ■■

☑ 形容詞の働きと文中の置かれる位置を理解する ▶ 1
☑ 副詞の働きと文中の置かれる位置を理解する ▶ 2
☑ 名詞・動詞・形容詞・副詞の関係を理解する ▶ 3

第1節 に引き続き、各品詞の働きを確認しましょう。

今回は形容詞と副詞です。名詞と動詞が英文の主役であるなら、形容詞と副詞はわき役といったところでしょうか。

レッスン 1 形容詞の働き

形容詞の働きについては、第1節 でも少し触れましたが、**前から名詞を修飾する**働きと、**補語になる**働きがあります。

> ▶形容詞の働き
> ┌ ①**名詞を前から修飾する**：〈限定詞＋形容詞＋名詞〉
> 　　　　どれでもよい　① a/an
> 　　　　　　∨　　　　② 所有格　　　　　　　＋ 形 ＋ 名
> 　　　1つに決まる　③ the / this / that
> └ ②**単独で補語になる**

確認しよう

・This is a new bike. 「これは新しい自転車です」
　　　▶前から名詞を修飾するnew
・This bike is new. 「この自転車は新しい」
　　　▶単独で補語になるnew

練習問題

次の各組の英文がほぼ同じ内容になるように、( ) 内に適当な語を書きなさい。

(1) This book is easy.
　　This is (　　　)(　　　)(　　　).

(2) He has a large house.

His house (　　　)(　　　).

解答

(1) an easy book ／「これは簡単な本です」

(2) is large ／「彼の家は大きいです」

語句 (1) easy「簡単な」　(2) large「大きな；広い」／ house「家」

解説

　(1) 1文目のeasyは「この本は簡単です」と、単独でbe動詞の補語になっています。2文目は「これは」が主語なので、〈限定詞＋形容詞＋名詞〉の順でan easy bookと前から名詞を修飾します。母音の前なので冠詞はanにします。

　(2) 1文目のlargeは「彼は大きな家を持っています」と〈限定詞＋形容詞＋名詞〉の語順で、前から名詞house を修飾しています。2文目はhis house「彼の家」が主語なので、largeをbe動詞の補語として用います。

レッスン2 副詞の働き

　動詞を修飾する副詞の代表的な位置は、「文末・文頭・notの位置」の3か所です。

◆副詞の働きと文中の位置

動詞を修飾する場合	▶文末 **例文** I played tennis after school **yesterday**. 「昨日、私は放課後にテニスをしました」
	▶文頭 **例文** **Yesterday** I played tennis after school. 「昨日、私は放課後にテニスをしました」
	▶ **not** の位置 **例文** He **usually** does his homework before dinner. 「彼はたいてい夕食前に宿題をします」

	▶形・副の前
形容詞・副詞を修飾する場合	例 very「とても」／ too「あまりにも」／ so「そんなに」など少数 例文 This is a **very** interesting story. 「これはとてもおもしろい話です」 ▶ very が前から形容詞 interesting を修飾している 例文 Don't walk **so** fast. 「そんなに速く歩かないで」 ▶ so が前から動詞を修飾する副詞 fast を修飾している

　副詞は文末に置くことが多いのですが、「時」の副詞などは文頭に置くこともあります。

　not が置かれる位置に置く副詞は、頻度を表す副詞が代表的です。always「いつも」、usually「たいてい」、often「よく」、sometimes「ときどき」の４つがよく出る副詞で、この順で頻度が下がります。

＊not の位置に副詞が置かれる理由は、not が副詞だからです。not は動詞を否定しますから、副詞ですよ♪

　動詞を修飾する以外に、**前から形容詞、副詞を修飾する**働きもあります。very のことだといえば、イメージがわきやすいでしょう。この働きをする副詞は very ／ so ／ too など数は多くありません。動詞を修飾する副詞とは異なる単語です。

◤ 練習問題 ◢

次の英文の下線部の副詞が修飾している語を答えなさい。

(1) She came <u>here</u> by train.

(2) <u>Suddenly</u> the train stopped.

(3) He <u>sometimes</u> takes a train.

(4) They are <u>very</u> good soccer players.

(5) It's <u>too</u> hot outside today.

◤ 解 答 ◢

(1) came ／「彼女はここに電車で来ました」

(2) stopped ／「突然その電車は止まりました」

(3) takes ／「彼はときどき電車に乗ります」

(4) good ／「彼らはとても上手なサッカー選手です」

(5) hot ／「今日は外が暑すぎます」

> 語句　(1) came（come「来る」の過去形）　(2) suddenly「突然」／ stop「止まる」　(3)
> sometimes「ときどき」／ take a train「電車に乗る」　(4) soccer player「サッカー選手」
> (5) hot「暑い」／ outside「外で」／ today「今日」

┃解説┃

　前から形容詞・副詞を修飾する少数派の副詞以外の語は、動詞を修飾していると考えましょう。

　(2)suddenlyは「**突然**」という意味の副詞です。

　(5)tooは「**あまりにも**」という意味の副詞で、あとの形容詞、副詞を修飾します。

レッスン③　名詞・動詞・形容詞・副詞の関係

◆名詞は形容詞で修飾され、動詞は副詞で修飾される

　名詞や動詞は英文になくてはならないものです。一方、修飾語としての形容詞や副詞は飾りのようなものかもしれません。日本語の文法でいえば、「体言は連体修飾語で修飾され、用言は連用修飾語で修飾される」のような感じです。これは2年生の英語の学習、さらにいえば、これからの英語の学習を通して、絶対に忘れてはいけないポイントです。必ず意識するようにしてください。

▶名詞・動詞・形容詞・副詞の関係

名　詞 ◀-------------- 形容詞

動　詞 ◀-------------- 副　詞

英文に必要なもの　　　　修飾語

例 I play tennis well.
　　　　　　副詞 wellは 動詞 play を修飾している

例 I am a good tennis player.
　　　　　　形容詞 goodは前から 名詞 player を修飾している

英語の ツボ❽

■ 名詞 は 形容詞 で修飾され、動詞 は 副詞 で修飾される♪

◆補語の形容詞と修飾語の副詞の区別

　単独で補語として用いられる形容詞と、動詞を修飾する副詞のざっくりとした見分け方をご紹介します。

英語の ツボ❾

■ be 動詞のあとは形容詞、一般動詞のあとは副詞♪

＊例外もありますので、それについては後で説明します。

> **確認しよう**
>
> ・He is careful.　　　　「彼は注意深い」
>
> 　　▶補語になる 形容詞
>
> ・He drives carefully.　　「彼は注意深く運転します」
>
> 　　▶一般動詞 drive を修飾する 副詞

　「修飾する／される」という説明だと、言葉の意味のままに、どの単語につながっていくのかで判断しがちです。そうすると、「補語」と「動詞を修飾する副詞」の区別がつかなくなってしまいます。

　自 でも 他 でも、結局一般動詞のあとに続くのは副詞なのです。だから、一般動詞のあとは副詞、be 動詞のあとは形容詞と覚えておくのが、この時点では一番わかりやすい考え方です。

　もちろん、be 動詞が「イコール」の意味で使われている場合の考え方で、「存在」の意味で使われている場合には当てはまりませんので、区別してくださいね。

> **練習問題 ❶**

次の各組の英文がほぼ同じ内容になるように、（　　　）内に適当な語を書きなさい。

⑴ She sings well.

　She is a (　　　　)(　　　　).

⑵ Does he speak slowly?

　(　　　　) he (　　　　)(　　　　) speaker?

(3) I'm not a fast runner.

   I (   ) run (   ).

解 答

(1) good singer ／「彼女は上手な歌い手です［彼女は歌が上手です］」

(2) Is, a slow ／「彼はゆっくりな話し手ですか［彼はゆっくり話しますか］」

(3) don't, fast ／「私は速く走りません［私は速い走者ではありません］」

| 語句 | (1) sing「歌う」　(2) slowly「ゆっくり」／ speaker「話す人」　(3) fast「速い、速く」／ runner「走る人」／ run「走る」

| 解 説 |

　(1) 1文目は、副詞wellが動詞singsを修飾しています。2文目はsheを別の名詞で補足説明する文になっています。aがあるので最後の空所は名詞、その前が形容詞ですね。wellの意味の形容詞はgood、最後の空所に入れる名詞はsinger「歌う人」です。

　(2) 1文目は、副詞slowlyが動詞speakを修飾しています。2文目は、動詞speakのあとに-erがついた「話す人」という名詞speakerがあるので、he＝speakerのbe動詞の文になります。be動詞の疑問文なので、isを文頭に置きます。speakerに限定詞と形容詞をつけるのを忘れずに。(1)では「上手」の意味の形容詞と副詞はgoodとwellで、単語がガラっと変わりましたが、形容詞のあとに-lyをつけるだけで副詞になる語も多いです。slowlyはその種類の語で、形容詞はslowです。

　(3) 1文目は形容詞fastが名詞runnerを前から修飾しています。runnerは動詞runのあとに-erをつけて名詞にしたものですが、nが1つ多いですね。-ingをつけるとき、〈短母音＋子音字〉で終わるものは子音を1つ重ねたのと同じ決まりです。2文目は一般動詞のrunがあるので、最後の空所は副詞です。

　形容詞fastの副詞は同じ形のfastです。形容詞と副詞が同じ形のもので、主な3つを覚えておきましょう。

   ＊ fast　　形速い　副速く〔スピード〕

   ＊ early　　形早い　副早く〔時刻〕

   ＊ late　　形遅い　副遅く〔時刻〕

第1節 動詞・名詞

第2節 形容詞・副詞

第3節 現在・過去

第4節 未来

◆接尾辞

　動詞のあとにつける-er、形容詞のあとにつける-lyのように、単語の
あとにつけるものを接尾辞とよびます。接尾辞は品詞に関する情報を与え
ていることが多いです。

　動詞のあとに-erをつけると「～する人」の意味の名詞になります。
練習問題❶ のsing-singer / speak-speaker / run-runnerなどがその
タイプの語です。また、先ほど説明したとおり、多くの場合は、**形容詞の
あとに-ly**をつければ副詞になります。

　接尾辞でなくとも、名詞の複数形や動詞の三人称単数現在形、過去形は、
単語のあとに-sをつけたり、-edをつけたりしますね。語尾にしっかり注
目すると、英語が上手になりますよ。

英語のツボ❿
■英語は単語の語尾にたくさんの情報がつまっている♪

練習問題 ❷

次の英文の（　　　）内から適当な語を選びなさい。

(1) I can answer this question (easy, easily).

(2) This question is (easy, easily) for me.

(3) Listen (careful, carefully).

(4) I saw a (careful, carefully) driver yesterday.

解答

(1) easily ／「私は簡単にこの問題に答えることができます」

(2) easy ／「この問題は私にとって簡単です」

(3) carefully ／「注意深く聞きなさい」

(4) careful ／「私は昨日注意深い運転手を見ました」

語句　(3) careful「注意深い」／ carefully「注意深く」　(4) driver「運転手」

解説

　形容詞の語尾に-lyをつけると副詞になるので、すべて左が形容詞、右
が副詞です。

　(1)一般動詞の文なので、副詞を選びます。

　(2)be動詞の文なので、形容詞を選びます。

28

⑶一般動詞の文なので、副詞を選びます。

⑷一般動詞の文なので副詞、と早合点<ruby>早<rt>はや</rt></ruby><ruby>合<rt>が</rt></ruby><ruby>点<rt>てん</rt></ruby>してはいけませんよ。前にaがあるということは、ここから名詞のかたまりが始まるサインです。後ろに名詞driverがあるので、形容詞で修飾します。

■■ イントロダクション ■■

- ☑ 一般動詞の現在の文を作る ▶2
- ☑ 一般動詞の過去の文を作る ▶2
- ☑ 助動詞の働きを知る ▶2
- ☑ be 動詞の現在の文を作る ▶3
- ☑ be 動詞の過去の文を作る ▶3
- ☑ 現在進行形の文を作る ▶4
- ☑ 過去進行形の文を作る ▶4

今回は、１年生で学んだ「現在」と「過去」を復習します。

レッスン1　現在形と過去形

現在の習慣や状態を表すときは、動詞の現在形を用いました。過去の習慣や動作、状態を表すときは、動詞の過去形を用いました。大事なことは、動詞は時制を表しているということです。

英語の ツボ⑪
■動詞は時制を表す♪

あの〜、前回の説明では、動詞には他動詞と自動詞があって、それぞれの動詞のあとにどんな品詞がくるかが大事、という話でしたが、また動詞を勉強するのですか？

そうです。「動詞」という言葉がわかりにくいのですが、**第2節**の動詞は、「名詞・動詞・形容詞・副詞」という区分の、品詞としての動詞の話でした。その場合の注意事項は「動詞のあとにどんな品詞を置くかを意識することが大事♪➡ **第1節 英語の ツボ❸**」でしたね。

今回は、「主語・動詞・目的語……」という文構造の中の「動詞」、日本語の文法でいうと、述語の意味で使っている「動詞」のことです。このときの注意事項が、「動詞は時制を表す♪➡ **英語の ツボ⑪**」です。

レッスン2　一般動詞の現在形と過去形

◆一般動詞の時制

　一般動詞の現在形と過去形から確認しましょう。1つの一般動詞に、現在形と過去形はいくつありますか?

> 過去形は1つです!　現在形の数なんて数えられるのですか?

　期待どおりの答えですね。現在形も数えられますよ。では、聞きますが、なぜ過去形は1つだと思うのですか?

> -edをつけるだけだからです。不規則動詞はちがいますが。

　「-edをつけるだけ」というのは、どの主語に対してもplayの過去形はplayedです、ということを言いたいのではありませんか?　そうであれば、もう一度考えてみてください。playの現在形は、主語に応じていくつの形がありますか?

> play と plays ですか?

　そうです。playとplaysの2つです。playsは主語が三人称単数のときだけに用います。それでは、動詞がplay / plays / playedの場合の文を、①ふつうの文、②否定文、③疑問文、④疑問文に対する答え方で、それぞれ確認しましょう。

◆一般動詞の主語と時制による文のちがい

現在の文	主語が一人称・二人称・複数	①	I	play tennis.	「私はテニスをします」
				↑ 〈do + play〉	
		②	I don't	play tennis.	「私はテニスをしません」
		③ Do	you	play tennis?	「あなたはテニスをしますか」
		④	－ Yes, I do.		「はい、します」
			－ No, I don't.		「いいえ、しません」
	主語が三人称単数	①	He	plays tennis.	「彼はテニスをします」
				↑ 〈does + play〉	
		②	He doesn't play	tennis.	「彼はテニスをしません」
		③ Does	he	play tennis?	「彼はテニスをしますか」
		④	－ Yes, he does.		「はい、します」
			－ No, he doesn't.		「いいえ、しません」
過去の文		①	He	played tennis.	「彼はテニスをしました」
				↑ 〈did + play〉	
		②	He didn't play	tennis.	「彼はテニスをしませんでした」
		③ Did	he	play tennis?	「彼はテニスをしましたか」
		④	－ Yes, he did.		「はい、しました」
			－ No, he didn't.		「いいえ、しませんでした」

◆動詞を足し算の形で覚える！

原形 （意味を表す）	現在形 【時制：現在】を表す助動詞と 【意味】を表す動詞の原形の足し算	過去形 【時制：過去】を表す助動詞と 【意味】を表す動詞の原形の足し算
play	play 〈do + play〉 ▶助動詞＋動詞の原形 plays 〈does + play〉 ▶助動詞＋動詞の原形	played 〈did + play〉 ▶助動詞＋動詞の原形

　現在形と過去形はともに、「時制」を表している助動詞と「意味」を表している原形の足し算の形で考えるとわかりやすいです。**do / doses が現在を表す助動詞、did は過去を表す助動詞**です。つまり、plays の -s は does

のこと、playedの-edはdidのこと、そうすれば、否定文や疑問文でdoesやdidを使って表すときに、-sや-edがつかなくなることが納得できると思います。

◆ play / plays / played のイメージ

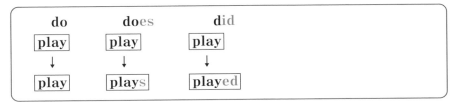

　先ほど「動詞は時制を表す♪➡ **英語の** **ツボ⑪**」と言いましたが、厳密にいえば、時制を表しているのは「助動詞」の部分なので、次のようなイメージになります。

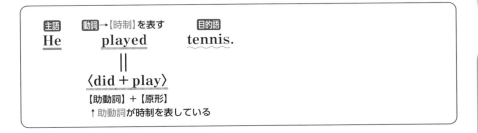

◆助動詞の働き

　助動詞について、少し復習しておきましょう。

　もしも助動詞が1つの文に複数あったら、どの助動詞を主語の前に出して疑問文を作っていいのか悩みますよね。ですので、助動詞の働きをするものは、1つの文に1つと決まっています。

英語の **ツボ⑫**

■1つの文に助動詞は1つ♪

　そして助動詞の働きは、①時制（過去・現在）を表し、②否定文・疑問文を作ることです。ここまでの説明、わかりましたか？

結局、**do** / **does** / **did** を使い分けているだけ、ということですね。なんかスッキリしました。ところで、**can** も助動詞ではなかったでしたか？

canはもちろん、助動詞ですよ。do / does / didにないもう1つの働き、「**動詞に意味をつけ加える**」を持っている助動詞です。2年生ではcanの仲間を学びますので、安心してしばらく待っていてください。canは「〜できる」という意味であって、「〜できました」という意味ではありませんでしたね。ですから、canも現在時制を表しているし、否定文や疑問文の作り方を思い出したら、先ほどあげた助動詞の働きを持っていることがわかると思います。

英語の ツボ⑬

■助動詞の働き♪

　　①時制（過去、現在）を表す♪

　　②否定文、疑問文を作る♪

　　　・否定文→助動詞のあとに**not**をつける

　　　・疑問文→助動詞を主語の前に出す

　　　・答え方→助動詞をくり返す

　　③動詞に意味をつけ加える♪

練習問題

次の英文を、[　　　]内の指示にしたがって書き換えなさい。

(1) We go shopping every Saturday. [主語を Our mother にかえて]

(2) He works from 8:00 to 5:00. [主語を His parents にかえて]

(3) Ken does his homework before dinner. [否定文に]

(4) Tom didn't like Chinese food. [現在の文に]

(5) He gets up late on Sunday. [下線部を last Sunday にかえて]

(6) She read the book. [疑問文にして Yes で答える]

(7) Do you study math? [過去の文に]

解　答

(1) Our mother goes shopping every Saturday. ／「私たちの母親は毎週土曜日に買い物に行きます」

(2) His parents work from 8:00 to 5:00. ／「彼の両親は8時から5時まで働いています」

(3) Ken doesn't do his homework before dinner. ／「ケンは夕食前に宿題をしません」

(4) Tom doesn't like Chinese food. ／「トムは中華料理が好きではありません」

(5) He got up late last Sunday. ／「彼はこの前の日曜、遅く起きました」

(6) Did she read the book? ---Yes, she did. ／「彼女はその本を読みましたか」「はい、読みました」

(7) Did you study math? ／「あなたは数学を勉強しましたか」

語句　(1) go shopping「買い物に行く」／every Saturday「毎週土曜日に」／mother「お母さん」　(2) work「働く」　(3) homework「宿題」／before dinner「夕食前に」　(4) Chinese food「中華料理」　(5) get up late「遅く起きる」／last Sunday「この前の日曜日」　(6) read「～を読む」／book「本」　(7) math「数学」

解　説

(1)名詞が単数か複数かは、名詞の語尾で判断します。motherに-sがついていないので三人称単数現在の文です。動詞goをgoesにします。ourに気を取られないように。

(2)(1)と同様、名詞の語尾を見ます。parentに-sがついているので複数です。動詞worksをworkにします。

(3)×Ken doesn't his homework before dinner.としてしまった人はいませんか？　このdoesは助動詞ではなく「～をする」という意味の動詞です。doesの原形のdoが、助動詞doesn'tのあとに必要です。

(4)時制は助動詞で表します。現在の文にするには、過去の助動詞didを現在の助動詞doesにかえます。動詞like（原形）はそのままの形です。

(5)last Sunday「この前の日曜日」と過去のことを述べるには、動詞を過去形にします。getは不規則動詞です。過去形gotを用います。

(6)時制はわかりますか？　主語が三人称単数なのに動詞の語尾に-sがないので、このreadは過去形と判断できます。過去の疑問文にします。

35

(7)現在の助動詞doを過去の助動詞didにかえます。原形（study）は変わりません。

レッスン3　be動詞の現在形と過去形

　次にbe動詞について復習しましょう。be動詞は一般動詞に比べて混乱しないはずです。

　現在形は**am / are / is**で、主語によって使い分けます。amは一人称単数、areは二人称単数と複数すべて、isは三人称単数が主語のときに用います。**過去形**は、am / isが**was**、areが**were**です。

　一般動詞と同様に、①ふつうの文、②否定文、③疑問文、④疑問文に対する答え方を確認しておきましょう。

◆ be動詞の時制による文のちがい

現在の文 （三人称単数が 主語の例）	①		He is	busy.「彼は忙しいです」
	②		He isn't	busy.「彼は忙しくありません」
	③ Is	he		busy?「彼は忙しいですか」
	④	− Yes, he is.		「はい、忙しいです」
		− No, he isn't.		「いいえ、忙しくありません」
過去の文	①		He was	busy.「彼は忙しかったです」
	②		He wasn't busy.	「彼は忙しくありませんでした」
	③ Was	he		busy?「彼は忙しかったですか」
	④	− Yes, he was.		「はい、忙しかったです」
		− No, he wasn't.		「いいえ、忙しくありませんでした」

　否定文はbe動詞のあとにnotを置き、疑問文はbe動詞を主語の前に出します。答えるときもbe動詞を用います。つまり、be動詞も助動詞（と同じ働きをする特別な動詞）だということです。

言われてみたら、そうですね。ビックリしました！

一般動詞は助動詞と原形の足し算の形で表せますが、be動詞は、助動詞そのものなのです。do / does / didが一般動詞の文にしか使えないこともこれでわかりますね？

「1つの文に助動詞は1つ♪ ➡ **英語の ツボ⑫**」なので、be動詞の文でdo / does / didを使おうとすると、1つの文に助動詞が2つになってしまいますからね。

練習問題

次の英文を、[　　]内の指示にしたがって書き換えなさい。

(1) They are teachers. ［主語を Their father にかえて］
(2) She was tired. ［主語を Her sisters にかえて］
(3) My bag isn't under the table. ［文末に an hour ago をつけて］
(4) I was <u>in Osaka</u> yesterday afternoon.
　　［下線部が答えの中心になる疑問文に］

解答

(1) Their father is a teacher. ／「彼らのお父さんは先生です」
(2) Her sisters were tired. ／「彼女の姉［妹］たちは疲れていました」
(3) My bag wasn't under the table an hour ago. ／「私のかばんは1時間前にテーブルの下にありませんでした」
(4) Where were you yesterday afternoon? ／「昨日の午後、あなたはどこにいましたか」

語句 (2) tired「疲れている」 (3) bag「かばん」 ／ table「テーブル」 ／ an hour ago「1時間前」 (4) yesterday afternoon「昨日の午後」

解説

(1)名詞が単数か複数かは、語尾で判断します。fatherに-sがついていないので、they「彼ら」という三人称複数の主語からtheir fatherという三人称単数の主語への書き換え問題です。主語が単数になったので、補語のteachersも単数のa teacherにするのを忘れずに。

(2)sisterに-sがついているので複数です。tiredは形容詞なので主語が単数でも複数でも語形は変わりません。

(3)an hour agoをつけることによって、時制は過去になります。isをwasにするだけで、否定文の作り方は変わりません。

37

(4)Ⅰで答えるので、問いの文の主語はyouです。それによって、過去のbe動詞もwereになります。wereを主語の前に出し、in Osakaをwhereに置き換え、文頭に移動します。

レッスン❹ 現在進行形と過去進行形

次は、進行形を復習しましょう。進行形の動詞の形を覚えていますか?

〈be動詞＋動詞の -ing形〉です。

　そうですね。**be動詞が現在形**のときを現在進行形といい、be動詞が**過去形**のときを過去進行形といいます。かなり思い出してきたかもしれませんが、今までと同様に、①ふつうの文、②否定文、③疑問文、④疑問文に対する答え方を確認しておきましょう。

◆進行形の時制による文のちがい

現在進行形	①	He is	playing tennis.
			「彼はテニスをしているところです」
	②	He isn't	playing tennis.
			「彼はテニスをしているところではありません」
	③Is	he	playing tennis?
			「彼はテニスをしているところですか」
	④ － Yes, he is.	「はい、しているところです」	
	－ No, he isn't.	「いいえ、しているところではありません」	
過去進行形	①	He was	playing tennis.
			「彼はテニスをしているところでした」
	②	He wasn't	playing tennis.
			「彼はテニスをしているところではありませんでした」
	③Was	he	playing tennis?
			「彼はテニスをしているところでしたか」
	④ － Yes, he was.	「はい、しているところでした」	
	－ No, he wasn't.	「いいえ、しているところではありませんでした」	

さっきの be 動詞の文とまったく同じですね。

そうです。時制を表していたのがbe動詞ですから、ほとんど同じです。be動詞が助動詞です。もうこれで、playingが現在形でないということはわかりますね？

よくわかりました。be 動詞のときと比べてみると、busy と playing tennis が同じように見えるのですが…。

いいことに気づきましたね。busy が形容詞なので、playing tennis も形容詞だと考えればよいのです。

英語の ツボ⓮

■**動詞には時制を表す形と、時制がなく他の品詞になる形がある♪**

次の例文では名詞になります。

> ・His hobby is playing tennis.

「彼の趣味は」が主語なので、それを受けて「テニスをすることです」という文になります。つまり、「テニスをする」ではなく「テニスをすること」という形になるように、-ing形は動詞を他の品詞にかえているのです。

進行形の文の助動詞がbe動詞だとわかったら、次のことを意識しましょう。

英語の ツボ⓯

■**助動詞と、それと共に用いることのできる動詞の語形を覚えよう♪**

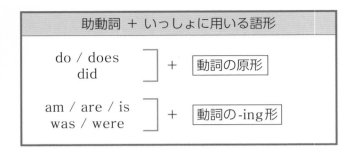

助動詞 ＋ いっしょに用いる語形		
do / does did	＋	動詞の原形
am / are / is was / were	＋	動詞の -ing形

では、進行形の文にする練習をしましょう。

練習問題 ❶

次の文を進行形の文に書き換えなさい。

(1) I write a letter to my aunt.

(2) He doesn't swim in the sea.

(3) Did you study in your room?

(4) She read the book.

(5) My cat didn't lie on the chair.

(6) Do your students ski with Mr. May?

解 答

(1) I am writing a letter to my aunt. ／「私はおばに手紙を書いている ところです」

(2) He isn't swimming in the sea. ／「彼は海で泳いでいるところではあ りません」

(3) Were you studying in your room? ／「あなたは部屋で勉強している ところでしたか」

(4) She was reading the book. ／「彼女はその本を読んでいるところで した」

(5) My cat wasn't lying on the chair. ／「私のネコはいすの上に横た わっているところではありませんでした」

(6) Are your students skiing with Mr. May? ／「あなたの生徒たちは メイ先生とスキーをしているところですか」

語句 (1) write「〜を書く」／ letter「手紙」／ aunt「おば」 (2) swim「泳ぐ」／ sea「海」
(5) cat「ネコ」／ lie「横たわる」／ chair「いす」 (6) student「生徒」／ ski「スキーをする」

■解説▶

　もとの文と同じ時制の進行形の文にします。正しい助動詞（am / are / is / was / were）を選び、動詞を-ing形にしましょう。

　(1)writeの-ing形はeをとってingをつけます。

　(2)助動詞doesをisにします。swimの-ing形はmを重ねてingをつけます。

　(3)助動詞をdidからwereにします。studyの-ing形はそのままingをつけます。

　(4)readは▐2▐の▐練習問題▐でも出題しました。時制がわかりましたか？　主語が三人称単数なのに、readに-sがついていないので、このreadは過去形です。過去の文なので過去進行形にします。

　(5)lieはieをyにかえて-ingをつけます。

　(6)助動詞doをareにしましたか？　skiの-ing形はそのままingをつけるのでiが2つ続きます。

■練習問題 ❷▐

次の日本語に合うように、（　　　　）内に適当な語を書きなさい。

(1) A：あなたのお父さんは、今、夕食を食べていますか。

　　B：いいえ、食べていません。彼はいつも8時過ぎに夕食を食べます。

　　A：（　　　　） your father （　　　　） dinner now?

　　B：No, he （　　　）. （　　　　） always （　　　　） dinner after 8:00.

(2) A：あなたはたいてい夕食前にピアノをひきますか。

　　B：はい、そうです。しかし、昨日はひきませんでした。

　　A：（　　　） you usually （　　　） the piano before dinner?

　　B：Yes, I （　　　）. But I （　　　）（　　　） it yesterday.

(3) A：昨日の5時ごろ、電話した？

　　B：うん、したよ。でも電話に出なかったね。そのとき何をしていたの？

　　A：夕食を作っていたの。

　　A：（　　　） you （　　　） me about 5:00 yesterday?

　　B：Yes, I （　　　）. But you （　　　）（　　　） the phone. What

　　　（　　　） you （　　　） then?

　　A：I （　　　）（　　　） dinner.

(1) Is, <u>eating</u>[having] / isn't / He, <u>eats</u>[has]

(2) Do, play / do / didn't play

(3) Did, call / did / didn't answer / were, doing / was making

語句　(1) always「いつも」　(2) usually「たいてい」／ piano「ピアノ」／ but「しかし」
(3) about「〜ごろ」／ phone「電話」／ then「そのとき」

解 説

　(1)A　now があることからも、現在進行中の動作についてたずねている
ので、現在進行形の文にします。

　B　be 動詞でたずねたら be 動詞で答えます。続く文は現在の習慣を述べ
ています。**習慣は現在進行形で表現できません**。ふつうの文の現在時制を
用います。

　(2)A　問いの文は(1)の答えと同様、現在の習慣のことをたずねているの
で、現在時制を用います。

　B　Do でたずねたら do で答えます。続く文は、昨日はその習慣をしな
かったと述べているので、過去の否定文になります。

　(3)**あっという間に終わることは過去形、時間がかかることは過去進行
形**で表現します。昨日の5時という時点を決めたとき、電話はあっという
間に終わるので過去形、夕食を作るのはそれ以前から始まりそのあとも続
くので、過去進行形の文で表します。

MEMO

第 **4** 節　未来

■■ **イントロダクション** ■■

☑　〈am / are / is ＋ going to ＋動詞の原形〉を使った未来の文を作る ▶ 1

☑　〈will ＋動詞の原形〉を使った未来の文を作る ▶ 2

☑　will の否定文・疑問文を作る ▶ 2

☑　確定的な未来を表す現在進行形を知る ▶ 3

　今回は、**第3節** の時制の続きとして、未来の表現の仕方を学びます。

　前回の学習を少し思い出しましょう。**現在**の習慣や状態を表すときは、**動詞の現在形**を用いました。同じように、**過去**の習慣や動作、状態を表すときは、**動詞の過去形**を用いました。そうすると、未来の動作や状態を表すときは、動詞の未来形を用いるのだな、と思うかもしれませんが、残念ながら**動詞の未来形はありません**。

　そのため、次のような表現の仕方を用いて、未来のことを表します。

▶**未来の文の作り方**

　① 〈am / are / is ＋ going to ＋動詞の原形〉

　② 〈will ＋動詞の原形〉

> レッスン **1**　**未来の表し方①：**〈am / are / is ＋ going to ＋動詞の原形〉

　前回、進行形の説明をしたので、その流れで① 〈am / are / is ＋ going to ＋動詞の原形〉の表し方から学びましょう。

　be動詞の am / are / is は主語によって使い分けることは覚えていますね。否定文や疑問文の作り方も be 動詞の文とすべて同じです。念のため、①ふつうの文、②否定文、③疑問文、④疑問文に対する答え方の文例を並べてみます。

44

◆未来の表し方①

主語が一人称（二人称）の例	①	I am going to play tennis. 「私はテニスをする予定です」 ② I am not going to play tennis. 「私はテニスをする予定ではありません」 ③Are you going to play tennis? 「あなたはテニスをする予定ですか」 ④ − Yes, I am. 「はい、する予定です」 　− No, I am not. 「いいえ、する予定ではありません」
主語が三人称単数の例		① He is going to play tennis. 「彼はテニスをする予定です」 ② He isn't going to play tennis. 「彼はテニスをする予定ではありません」 ③Is he going to play tennis? 「彼はテニスをする予定ですか」 ④ − Yes, he is. 「はい、する予定です」 　− No, he isn't. 「いいえ、する予定ではありません」

be動詞am / are / isの否定文と疑問文なので、**助動詞はbe動詞**です。
　一見、動詞が3つあるように見えますが、そうではないことはもうわかりますね。

> 以前の私だったら、3つ動詞を含んでいる文に見えていたかもしれません…。

　be動詞といっしょに使える動詞の形は-ing形だったことも覚えていますか？　これについても、そのとおりになっていますね。

> あれ？　これは現在進行形の仲間なのですか？

すばらしい発見です！　現在進行形の一種と考えてもまちがいではないです。なぜ〈am ／ are ／ is ＋ going to ＋動詞の原形〉が未来のことを表せるのか考えてみましょう。そこにヒントがあります。

あとでもう一度扱いますが、I'm going to school. という現在進行形の文はどんな状況を表していると思いますか？

なんとなくですが…学校に行く途中のような感じです。

そうですね。このschoolをplay tennisにしたのが、さっきの文例です。

I am going to school. のイメージ

学校

I am going to play tennis. のイメージ

テニスをする

つまり、〈am ／ are ／ is ＋ going to〉は「～のほうに向かっているところ」を表しています。toのあとが名詞なら、のちのちその場所に着くことになるし、toのあとが動詞なら、あとにその動作をし、その状態になる、ということです。

理解できました。ですが、新たな疑問が…。
toはたしか前置詞でしたね。「前置詞のあとは名詞が１つ」だったはずですが、動詞を置いてもよいのですか？

このtoはもともと前置詞ですが、toのあとだけ特別に動詞の原形を置くことができるのです。〈to ＋動詞の原形〉をのちに「不定詞」とよぶことになりますが、toだけ許されている、と思ってください。他の前置詞は、

必ず前置詞のあとは名詞が1つですからね。

　ここで、未来を表すときの副詞をいくつか紹介しておきます。

◆未来を表すときに使う主な副詞

> - **tomorrow**「明日」
>   - ▶ morning / afternoon / evening / night をあとにつけることもできる
> - **next ～**「次の～」　**例**　**next week**「来週」
>   - ▶ every ～ / this ～ / last ～のときと同様、next ～の前には前置詞をつけない
> - **in ～**「今から～後に」　**例**　**in three days**「今から3日後」
>   - ▶ ago の反対の意味

■**練習問題**▶

次の英文を、[　　　]内の指示にしたがって書き換えなさい。

(1) He studies math. [文末に tomorrow を加え、going を用いた文に]
(2) It is cold. [文末に next week を加え、going を用いた文に]
(3) Their children are going to play outside. [否定文に]
(4) I am going to see a movie this afternoon.
　　[下線部が答えの中心になる疑問文に]
(5) They don't go shopping. [going を用いて未来の文に]
(6) What does your mother buy at the store?
　　[going を用いて未来の文に]

■**解答**

(1) He is going to study math tomorrow. ／「彼は明日数学を勉強する予定です」
(2) It is going to be cold next week. ／「来週は寒くなるでしょう」
(3) Their children aren't going to play outside. ／「彼らの子どもたちは外で遊ばない予定です」
(4) What are you going to do this afternoon? ／「今日の午後、あなたは何をする予定ですか」
(5) They aren't going to go shopping. ／「彼らは買い物に行く予定ではありません」
(6) What is your mother going to buy at the store? ／「あなたのお母

さんはその店で何を買う予定ですか」

語句 (2) cold「寒い」 (3) children (child「子ども」の複数形) (4) movie「映画」 (6) buy「～を買う」／ at the store「その店で」

■ 解 説 ▶

(1)主語がheなので〈is going to＋動詞の原形〉で表します。toのあとの動詞を原形のstudyにしましたか？

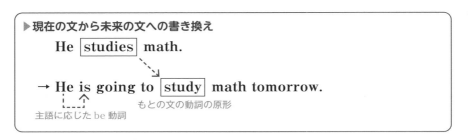

▶現在の文から未来の文への書き換え

He studies math.

→ He is going to study math tomorrow.
主語に応じた be 動詞　　　もとの文の動詞の原形

(2)×It is going to cold next week. とした人はいませんか？　toのあとは動詞ですよ。もとの文の動詞はisですから、その原形beを入れなくてはいけません。

▶現在の文から未来の文への書き換え

It is cold.

→ It is going to be cold next week.
主語に応じた be 動詞　　　もとの文の動詞の原形

(3)未来の文〈am ／ are ／ is＋going to＋動詞の原形〉の否定文はbe動詞の文の否定文と同様の形です。

(4)「何をする」というときは、いつもwhatと動詞do「～をする」を用います。toのあとに動詞の原形doを書き忘れませんでしたか？　What are you going to see this afternoon? は、下線部がa movieだけのときの疑問文です。まちがえないようにしましょう。

(5)goingを使うということは、未来の文〈am ／ are ／ is＋going to ＋動詞の原形〉の形を使うということです。それを否定文に表します。も

との文のdon'tのあとは動詞の原形になっているので、そのままgoing to のあとの原形として使えます。今までも文例で使ってきましたが、〈go＋動詞の-ing形〉は「〜**しに行く**」という意味の表現です。go shoppingは「買い物に行く」です。

(6)(4)と同様に、be動詞の疑問文の形にします。

▶ レッスン**2**　**未来の表し方② : 〈will ＋動詞の原形〉**

未来は〈will ＋動詞の原形〉の形でも表すことができます。

> ▶**未来の表し方②**
>
> 〈<u>主語</u>＋<u>will</u>＋<u>動詞の原形</u> 〜 . 〉
> ・**He will play tennis.**　　「彼はテニスをするでしょう」
>
> ▶〈主語＋will〉の短縮形はすべて〜'llの形　例 I'll / He'll / They'll

<u>will</u>は未来を表すときの<u>助動詞</u>と一般的にいわれます。willは話し手の<u>意志</u>を表し、「〜**するつもりだ**」という意味を動詞につけ加えます。話し手の意志がわからないときは、「〜**だろう**」という推量（すいりょう）の意味をつけ加えます。そのような意味をつけ加えることによって、結果として未来のことを表していると理解するのがよいでしょう。

▶助動詞willの時制は現在です。時制は未来ではと混乱しがちですが、「現在」を基準にして、自分の意志や推量を述べているということです。

◆ will は「今」が基準なので時制は現在

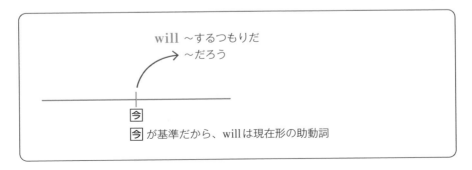

will 〜するつもりだ
→ 〜だろう

今
今 が基準だから、willは現在形の助動詞

◆ will の否定文・疑問文の作り方

willの否定文・疑問文の作り方は、1年生で学んだ助動詞canなどの文と同様です。もう一度確認しておきましょう。

◆ will の否定文

> ▶否定文の形
>
> 〈主語＋ <u>will not[won't]</u> ＋<u>動詞の原形</u> 〜 . 〉
>
> ▶否定文の作り方
>
> ①助動詞willのあとに not を置き、will not という形を作る。
>
>   ↓ won'tは will not の短縮形
>
> ②<u>will not[won't]</u>のあとに<u>動詞の原形</u>を続ける。
>
> ▶否定文の例
>
> ふつうの文
>
> **He will   play tennis.**　「彼はテニスをするでしょう」
>
> 否定文
>
> **He will not play tennis.**　「彼はテニスをしないでしょう」
>   ①   ②

◆ will の疑問文

> ▶疑問文の形
>
> 〈<u>Will</u> ＋<u>主語</u>＋<u>動詞の原形</u> 〜 ?〉
>
> ▶疑問文の作り方と答え方
>
> ①主語の前に助動詞 will を移動する。
>
> ②主語のあとに<u>動詞の原形</u>を続ける。
>
> ③答えの文は Yes / No で始め、主語は問いの文に応じて代名詞
> を使う。
>
> ④主語のあとは助動詞をくり返す。
>
> 「はい」の場合⇒ 〈Yes, ＋主語＋ will.〉
>
> 「いいえ」の場合⇒ 〈No, ＋主語＋ <u>will not[won't]</u>.〉

50

▶ 疑問文の例

| ふつうの文 | He will play tennis. | 「彼はテニスをするでしょう」 |

| 疑問文 | <u>Will</u> he <u>play</u> tennis? | 「彼はテニスをするでしょうか」 |
①　　　　　②

| 答え | Yes, <u>he</u> <u>will</u>.「はい、するでしょう」 |
③　④

No, <u>he</u> <u>will not[won't]</u>. 「いいえ、しないでしょう」
③　　　④

▶〈am / are / is＋going to＋動詞の原形〉も〈will＋動詞の原形〉も未来を表すことができます。ただし、〈am / are / is＋going to＋動詞の原形〉は「～の方に向かっているところ」がもとの意味だったので、以前から決めていた予定を述べるときに使うのに対し、〈will＋動詞の原形〉はその場で意志を決めるときに用います。

例題

次の英文を、will を用いた未来の文に書き換えなさい。

　Are they busy?

解答

Will they be busy?

解説

×Will they busy? としてしまった人はいませんか。

正しいように思えますが、どこかまちがっているのですか？

もとの文の動詞はどれでしょうか？

are です。

　そうですね。busy は「忙しい」という形容詞で、動詞の原形ではありません。are を原形の be にします。

Will be they busy? も合っていますか？

　いえ、まちがいです。「be動詞の文」というのがややこしい点です。では、順を追って考えてみましょう。

　これは、もとの文が疑問文になっているので難しくなっています。ふつうの文にして、They are busy. これにwillを用いたらどうなりますか？

will のあとに are の原形が必要なので、They will be busy. です。

　そうですね。They will be busy. の疑問文は **Will they be busy?** で、これが正解です。

　なぜ Will be they busy? と表したくなるのか考えましょう。「be動詞の文は、be動詞を主語の前に出して疑問文を作る」と覚えているからです。They are busy. これは助動詞がareなので、これを主語の前に移動して疑問文を作りますね。They will be busy. の助動詞はどれですか？

もちろん will です。

　つまり助動詞がareからwillに変わったわけです。でも、be動詞を含んでいる文なので、どうしても「be動詞の文」と思ってしまい、「be動詞の文は、be動詞を主語の前に出して疑問文を作る」ので、原形のbeも前に出したほうがいいかな、と思ってしまう。もしくは、Are they busy? のまま、Are → Will beと考えてしまう。まちがえる心理はこんなところだと思います。

まさに、そのとおりです。では、「be動詞の文」というのは、どんな文だと思えばよいのですか？

　助動詞の働きをよく見るとわかってもらえると思いますが、be動詞に時制があるとき、つまり、am /are / is / was / wereのときに限り「be動詞の文」なのです。

英語の ツボ⑯
■ **be 動詞の文→ am / are / is / was / were に限る（時制がある語形のとき）♪**

> そういうことですね！「am /are / is / was /were に限る」と言われるとピンときます。

　別の角度から説明しますね。Will be they busy? は、主語の前に単語が2つ出ていますね。「1つの文に助動詞は1つ♪ ➡ 第3節 **英語の ツボ⑫**」でした。ですから、主語の前に単語を2つも出して疑問文を作ってはいけません（ただし、疑問詞は除きます）！
　疑問文を作るときに主語の前に移動する1つの単語を助動詞とよぶ、こんなふうに考えることもできますね。

英語の ツボ⑰
■ **疑問文で主語の前にある1語が助動詞♪**

練習問題

次の英文を、[　　]内の指示にしたがって書き換えなさい。
(1) She visits Paris. [文末に tomorrow を加え、will を用いた文に]
(2) They will leave for Paris. [疑問文にして Yes で答える]
(3) Do they go to Paris?
　　[文末に in a week を加え、will を用いた文に]
(4) I will make dinner. [否定文に]
(5) He doesn't work late at night. [will を用いて未来の文に]

解答

(1) She will[She'll] visit Paris tomorrow. ／「彼女は明日パリを訪れるつもりです」

(2) Will they leave for Paris?---Yes, they will. ／「彼らはパリに出発するつもりですか」「はい、そうでしょう」

(3) Will they go to Paris in a week? ／「彼らは今から1週間後にパリに行くでしょうか」

(4) I <u>won't</u>[will not] make dinner. ／「私は夕飯を作るつもりはありません」

(5) He <u>won't</u>[will not] work late at night. ／「彼は夜遅くまで働かないでしょう」

> 語句 (1) visit「〜を訪れる」／ Paris「パリ」 (2) leave for 〜「〜に向けて出発する」

解説

(1)willのあとの動詞は原形なので、visitsはvisitとします。

(2)疑問文は助動詞を文頭に移動して、〈**Will＋主語＋動詞の原形 〜 ?**〉の形で表します。答えるときも助動詞を用います。leave for は「〜に向けて出発する」の意味です。

(3)「**1つの文に助動詞は1つ♪**➡ 第3節 **英語の ツボ⑫**」ですから、doの代わりにwillを用いることになりますね。

(4)否定文は **will not** または短縮形の**won't**を用いて表します。

(5)助動詞doesの代わりにwillを用います。

> レッスン**3** 　**確定的な未来を表す現在進行形**

<u>現在進行形</u>は、未来を表すときの語句とともに用いると、<u>確定的な未来を表すことがあります</u>。たとえば、「**往来発着（行く／来る／出発する／到着する）**」を表す動詞が現在進行形になると、だいたい未来の意味になります。

〈am ／ are ／ is ＋going to＋動詞の原形〉も、もともとはgoの現在進行形でもありました。「行く」や「来る」という動作の完了に極めて近づいている、というイメージですね。

確認しよう

· I'm leaving for Okinawa tomorrow morning.

「私は明日の朝、沖縄に発つ予定です」

未来を表すどの表現を用いるのか、空所の前後の語句に注意しながら、文を作る練習をしてみましょう。

練習問題 ❶

次の日本語に合うように、（　　　）内に適当な語を書きなさい。

(1) A：今日の午後、車使う？

　　B：うん、使うよ。

　　A：じゃ、僕は電車で美術館に行くね。

　　A：(　　　　) you (　　　　) to use your car this afternoon?

　　B：Yes, I (　　　　).

　　A：OK, (　　　　) go to the museum by train.

(2) A：彼らは来月、日本に来るの？

　　B：そうだよ。大きなコンサートを開くんだよ。

　　A：(　　　　) they coming to Japan next month?

　　B：Yes, they (　　　　). (　　　　) having a big concert.

(3) A：あなたのおじいちゃん、来月で80歳になるの？

　　B：そうよ。おじいちゃんに誕生日プレゼントをあげるつもりよ。

　　A：(　　　　) your grandfather (　　　　) eighty years old next month?

　　B：Yes, he (　　　　). (　　　　) going to give a birthday present to him.

(4) A：今日はだれが夕食を作ってくれるの。

　　B：私よ。

　　A：(　　　　) make dinner today?

　　B：I (　　　　).

解 答

(1) Are, going ／ am ／ I'll

(2) Are ／ are ／ They're

(3) Will, be ／ will ／ I'm

(4) Who'll ／ will

語句 (1) use「〜を使う」／ car「車」／ museum「美術館」 (2) Japan「日本」／ next month「来月」／ have「〜を開く」／ big「大きな」／ concert「コンサート」 (3) grandfather「おじいさん」／ give「〜をあげる」／ birthday present「誕生日プレゼント」

　(1)A 日本語の文脈より、「今日の午後」は未来のことです。to use があるので、〈am ／ are ／ is ＋ going to ＋動詞の原形〉を用いると判断し、Are you going to use your car this afternoon? という文にします。

　B be動詞でたずねられているので、be動詞を使い、Yes, I am. と答えます。

　A 車が使えないことがわかったため、自分は電車で行くと述べています。今日の午後の行動なので、未来の表現を用います。空所の数から、I will の短縮形を用いて、I'll go to the museum by train. とします。最後のAの発言は、その場で意志を決めるときに用いる、〈will ＋動詞の原形〉の表現を用いるのが適当です。

　(2)A 「来月」のことなので、未来の表現にすることはわかると思います。どちらの表現を使うのか、判断のヒントは助動詞といっしょに使う動詞の形です。この文では coming なので、助動詞は be動詞を用い、Are they coming to Japan next month? という現在進行形で近い未来を表す文にします。

　B 答えの文も同様に、be動詞を用いて表します。

　(3)A （2）と同様、来月のことですが、「〜歳です」と年齢を表す文は be動詞で表現するため、2つ目の空所は動詞の原形 be に決まります。したがって、助動詞は Will です。未来の文では、be の日本語訳が「〜になる」だということも知っておきましょう。

　B will でたずねられているので、will で答えます。2つ目の空所はあとに going があり空所が1つなので、主語 I と am を短縮した I'm が入ります。

　(4)A 「昨日」が過去で「明日」が未来だからといって、必ずしも「今日」が現在になるわけではありません。動作がこれからすることなのか、もうすんでいることなのか、文脈から考えましょう。「今日はだれが夕食を作ってくれるの」は、これからのことなので、未来の表現を使います。make は原形なので、who と will を短縮した Who'll が答えです。

　B will を用いてたずねられているので、will を用いて答えます。

　現在、過去、未来の表現が出そろったので、どの時制を用いるべきか、文脈から判断する練習をしましょう。

練習問題 ❷

英文の ( ) 内に入る適当な語句を**ア**〜**エ**から選びなさい。

(1) Don't open the window. It ( ).

　　ア rained　　　**イ** rains　　　**ウ** was raining　　　**エ** is raining

(2) My father came home at 7:00 yesterday. I ( ) my mother then.

　　ア helped　　**イ** am helping　　**ウ** was helping　　**エ** will help

(3) A: I ( ) a nice T-shirt this summer.

　　B: Please show it to me.

　　A: I'm wearing it!

　　ア bought　　**イ** buy　　　**ウ** will buy　　　**エ** am buying

(4) A: I ( ) Hokkaido this summer. Do you want a present?

　　B: Sure. Please buy delicious ramen noodles for me.

　　ア visit　　　**イ** will visit　　　**ウ** visited　　　**エ** was visiting

解答

(1) **エ**／「窓を開けないで。雨が降っています」

(2) **ウ**／「父は昨日7時に帰宅しました。私はそのとき母を手伝っているところでした」

(3) **ア**／「私は今年の夏、すてきなTシャツを買いました」「それを私に見せてください」「それを (今) 着ていますよ」

(4) **イ**／「私は今年の夏、北海道に行くつもりです。何かプレゼントがほしいですか」「もちろん。私においしいラーメンを買ってきてください」

語句 (1) open「〜を開ける」／ window「窓」／ rain「雨が降る」 (2) home「家に」／ help「〜を手伝う」 (3) nice「すてきな：よい」／ T-shirt「Tシャツ」／ summer「夏」／ show「〜を見せる」／ wear「〜を着ている」(4) want「〜がほしい」／ sure「もちろん」／ delicious「おいしい」／ ramen noodles「ラーメン」

解説

　(1) 今窓を開けてはいけない理由を考えます。ちょうど雨が降っているからですね。現在進行形の**エ** is raining が正解です。

　(2) 2文目の then「そのとき」は、「昨日」の「7時」お父さんが帰宅したときを指しています。ですから、時制は過去です。過去の一点を決めたときに、その前からやり始め、そのあとまで続くことは過去進行形を用い

ます。**ウ** was helping が正解です。

(3)と(4)はどちらも「時」を表す語が this summer ですが、それが過去のことか未来のことかは、文脈から判断します。(3)は a nice T-shirt を it で受けていて、それを現在身に着けているのだから、購入したのは過去だとわかります。**過去形のア** bought が正解です。

(4)買ってきてほしいプレゼントを相手にたずねているので、北海道に行くのはこれからだと判断できます。**未来の表現のイ** will visit が正解です。

最後に英作文にチャレンジしましょう。

チャレンジ問題

次の文を英語になおしなさい。

(1) A：明日の天気はどうですか。[will を用いて]
　 B：雪です。
(2) A：あなたはどれくらい中国に滞在する予定ですか。[going を用いて]
　 B：2週間です。

解答

(1) How will the weather be tomorrow? ---It will[It'll] snow. [It will[It'll] be snowy.]
(2) How long are you going to stay in China? --- I am[I'm] going to stay (in China[there]) for two weeks.

語句 (1) weather「天気」／ snow「雪が降る」 (2) China「中国」

解説

(1)A 今日の天気をたずねる文は How is the weather today? です。**例題** と同じまちがいをしないでくださいね！　助動詞が is から will に変わります。the weather の前に置くのは will だけですよ！

B snow は、名詞の意味は「雪」、**自** の意味は「雪が降る」です。snow を使って「雪です」の文を表すと It will snow. という文になります。

snowy という形容詞を用いて It will be snowy. と表すこともできます。×It will be snow. は NG です。

(2)A 2年生は時制の勉強から入っているので、まだあまり英作文の練習

をしていませんが、1年生で学んだ英文の基本を思い出しましょう。

英語の ツボ⑱
■主語→動詞→目的語→修飾語、の順に考える♪

　主語はyou、動詞はstayで、goingを用いて未来を表すので、are you going to stayまでできますね。stayは「滞在する」。「何を？」とは聞けないので、🔵です。したがって、この文に目的語はありません。場所の前置詞inを続けてin Chinaです。「どれくらい」はhow longでたずねます。形容詞・副詞の程度をたずねるhowですが、このlongが「長い間」という意味の副詞であることを理解してください。理由はstayが🔵だからです。🔵のあとは修飾語がいくつも続いてよかったですね。修飾語になる品詞は副詞と〈前置詞＋名詞〉でしたね。

　B　問いの文と答えの文の対応についても1年生の学習内容です。確認しておきましょう。

英語の ツボ⑲
■問いと答えは同じことを述べている♪
■つまり、問いと答えの主語・動詞・目的語・修飾語はそれ
　ぞれ対応している（同じことを述べている）♪

　主語がI、動詞がam going to stay、in Chinaは修飾語なので、くり返しても省略しても大丈夫です。How longという副詞に対して答えるときは、「～の間」という期間を表す前置詞forを用います。How longでたずねてforで答えるのは、未来の表現と共によく出てくるので、覚えておきましょう。

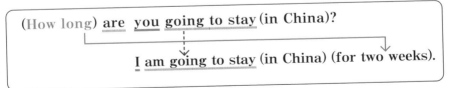

第 **5** 節　will と shall

イントロダクション

☑ will を使った依頼の文と応答の文を作る **1**
☑ will を使った勧誘の文と応答の文を作る **1**
☑ shall を使った相手の意向をたずねる文と応答の文を作る **2**
☑ shall を使った勧誘の文と応答の文を作る **2**

　今回は、**第4節**の will の流れで、will と shall について学びます。

　will は未来を表す助動詞ですが、昔は未来を表す助動詞がもう１つあり
ました。それが shall です。しかし、shall は次第に使われなくなり、現在
使われるのは、一人称の疑問文の、Shall I ～？と Shall we ～？くらいで
す。これらに加え、Will you ～？　という会話表現を学びましょう。

> **レッスン 1　Will you ～？：依頼・勧誘**

　前の節でも述べたように、will はもともと「意志」を表す語なので、
Will you ～？ は、「あなたには～する意志がありますか」という意味が
あると考えれば、依頼や勧誘の意味になることが理解できると思います。

・**Will you open the window?**　「窓を開けてくれませんか」【依頼】
　→あなたには、窓を開ける意志がありますか？　あるなら、やっていただけませんか？
・**Will you have some cookies?**「クッキーはいかがですか」【勧誘】
　→あなたはクッキーを食べる意志がありますか？　あるなら、いかがですか？

　それぞれ、どのような応答が可能か考えてみましょう。

確認しよう

▶ Will you ～？「～してくれませんか；～はいかがですか」

・Will you open the window?　「窓を開けてくれませんか」【依頼】
　〔依頼を受ける場合〕　OK. / All right. / Sure.「いいですよ」
　〔依頼を断る場合〕　　 I'm sorry, but I can't.「ごめんなさい、できません」

・Will you have some cookies?「クッキーはいかがですか」【勧誘】

〔勧誘を受ける場合〕 Yes, please. 「はい、お願いします」

〔勧誘を断る場合〕 No, thank you. 「いいえ、結構です」

◆ Will you 〜 ? と Can you 〜 ? の使い分け

1年生で can を学んだときに、たとえば、Can you help me? だと、「あなたは私を手伝うことができますか」→「私を手伝ってくれませんか」のように、can にも依頼の意味があったように思います。Will you 〜 ? と何がちがうのですか？

Can you 〜 ? にも依頼の意味があります。can の意味は「能力・可能性」です。なので、「私を手伝うことが可能？」という意味の依頼であり、友だちどうしで気楽に使える感じです。Will you 〜 ? は相手の「意志」をたずねているわけですから、あまり気楽な感じではなくなりますね。

ただ、文脈から can と will を区別することはとても難しいと思います。can と will のニュアンスを頭に入れたうえで、どちらでも依頼できるということを知っておくことのほうが重要です。

なお、Will you 〜 ?「〜してくれませんか」【依頼】の文は、丁寧な命令文〈Please＋動詞の原形〉「〜してくれませんか」に書き換えることができます。

◆ Will you 〜 ? の丁寧な言い方：Could[Would] you 〜 ?

教科書では、「丁寧なお願い」というテーマで、Could you 〜 ? や Would you 〜 ? が紹介されることがあります。could は can の過去形、would は will の過去形です。

実は、助動詞の過去形は、過去形なのに現在の意味を丁寧にする働きがあります。今お願いしたいことだけれど、現在からかけ離れた過去形の助動詞を用いることによって、「願いがかなわないかもしれない」ことを前提にお願いする感じになります。結果的に丁寧なお願いになるといわれています。3年生の最後にこのことを振り返ります。

◆ **Shall I 〜？：相手の意向をたずねる表現**

　shallは聞き手の意志を表すものです。

> **Shall I open the window?** 　「窓を開けましょうか」【相手の意向】

　「聞き手の意志」というのは、「私が窓を開ける」という行為をしてほしいと思っているかどうか、ということです。これを「**相手の意向**」と表現しているのです。ですから、「あなたは、私が窓を開けることをしてほしいと思っていますか？ してほしいと思っているのなら、しましょうか？」という意味になります。

　そうすると応答はわかってきますね。してほしいと思っているなら、相手にその行為をお願いすることになるし、してほしいと思っていなければ断ることになります。

確認しよう

▶ **Shall I 〜？「〜しましょうか」**

　Shall I open the window? 　「窓を開けましょうか」【相手の意向】

| 〔お願いする場合〕 | Yes, please. | 「はい、お願いします」 |
| 〔断る場合〕 | No, thank you. | 「いいえ、結構です」 |

◆ **Shall we 〜？：相手を誘う表現**

　Iが複数のweになれば、話し手と聞き手が同じ行為をする、もしくはしないことになり、**Shall we 〜？** は、**Let's 〜.** とほぼ同じ意味で、相手を勧誘することになります。

▶ **Shall we 〜？「〜しましょうか」**

　Shall we go shopping? 　　「買い物に行きませんか」【勧誘】
　　＝Let's go shopping.
　　---Yes, let's. 　　　　　　　「そうしましょう」
　　---No, let's not. 　　　　　　「やめておきましょう」

Shall we ～?と同じような意味を持ち、物をすすめたり提案したり、相手の意見を聞く決まり文句はほかにもあります。

> • **Why don't we ～?**「～しませんか」
>
> **例** **Why don't we play tennis?** 「テニスをしませんか」
>
> 「なぜテニスをしないのですか。しない理由がないでしょ？」→「テニスをしましょう」と考え、提案したり勧誘したりする表現になります。

Can I ～? で、「～してもいいですか」という意味がありました。これと Shall I ～? は何がちがうと考えればよいですか？

Can I ～?と Shall I ～?も主語がともに I なので似ていますね。**Can I ～?「～してもいいですか」**は相手に許可をもらう表現なので、前提が「自分はその行為をしたい」になります。一方、**Shall I ～?「～しましょうか」**は自分がその行為をするかどうかを完全に相手に任せていることになります。ですから、こちらは日本語でも区別がつきそうですね。

Will you ～?と Shall I[we] ～?を見てきましたが、これらの表現を区別するポイントは主語です。<u>一人称なら shall、二人称なら will</u> になります。それをふまえて、次の練習問題をやってみましょう。

練習問題❶

次の日本語に合うように、（　　　　）内に適当な語を書きなさい。ただし、will もしくは shall を用いること。

(1) この荷物を運んでくれませんか。

　　（　　　）（　　　）carry this baggage?

(2) ドアを閉めましょうか。

　　（　　　）（　　　）close the door?

(3) 散歩に行きませんか。そうしましょう。

　　（　　　）（　　　）go for a walk? ---Yes, let's.

(4) コーヒーはいかがですか。

　　（　　　）（　　　）have some coffee?

(1) Will you　　(2) Shall I　　(3) Shall we　　(4) Will you

語句 (1) carry「～を運ぶ」／baggage「荷物」 (2) close「～を閉める」／door「ドア」
(3) go for a walk「散歩に行く」 (4) coffee「コーヒー」

解 説

　　主語が決まればwillとshallのどちらを使う文か区別できるので、日本語に書かれていない動作主を考えましょう。

　(1)**相手に依頼**しているので、carryの主語はyou。よって、助動詞はwillです。

　(2)**相手の意向**をたずねているので、closeするのはI。よって、助動詞はshallです。

　(3)Yes, let's. で答えていることから、自分を含め、みんなで散歩しようという文脈です。主語はweです。

　(4)相手に物をすすめています。have「～を飲む」のは相手です。

◆ some と any の使い分け

先生、(4)の問題文で1つ疑問が…。**Will you have some coffee?** と疑問文なのに **some** を使っていますが、よいのですか？　疑問文と否定文は **any** を使うと習った気がするのですが……。

　　いいところに気がつきましたね。1年生のときは、否定文や疑問文でsomeをanyに変えることが大事でしたが、そろそろsomeとanyについてもう少し詳しく説明する必要がありそうですね。

> ▶ **some は漠然とはしているけれど、常識的数量が存在しているイメージ**
> ▶ **any は1から無限大まで、なんでも OK のイメージ**

　　否定文・疑問文でanyを用いるのはわかりますか？　I don't have any brothers. は、1以上の数を打ち消すことになるので、兄弟はいないことになります。ですから、否定文でanyを用いると、「まったく～ない」、つ

まり、数量がゼロの意味です。

Do you have any brothers? は、兄弟が1人でも10人でも100人でも、何人いても驚きませんよ、という気持ちで聞いていることになります。もちろん、これにNoで答えると、兄弟が1人もいないことになりますね。

一方、人に物をすすめる場合、anyですすめると、相手はYesと言いにくくありませんか？ どれだけの数量をすすめられるかわからない、ということになるのです。以上の理由で、人に物をすすめたり、物がほしいと言ったりする場面では、疑問文の中でもsomeを用いることになります。

> **例** **Can I have some coffee?** 「コーヒーをいただいてもよいですか」

練習問題 ❷

次の問いに対する答えの文を**ア〜ウ**から1つずつ選びなさい。

(1) Shall we play outside?

(2) Will you help me with my homework?

(3) Shall I help you with your homework?

ア Yes, please. I have a lot of homework.

イ No, let's not. It's going to rain.

ウ I'm sorry, but I can't. I'm busy now.

解 答

(1) **イ**／「外で遊びませんか」「やめておきましょう。雨が降りそうです」

(2) **ウ**／「宿題を手伝ってくれませんか」「申し訳ありませんが、できません。今忙しいのです」

(3) **ア**／「宿題を手伝いましょうか」「はい、お願いします。たくさん宿題があるのです」

語句 a lot of「たくさんの」／busy「忙しい」

解 説

問いと答えの主語に着目して考えてみましょう。1年生で学んだ「問いと答えでは一人称と二人称が入れ替わること」に注意して解いていきましょう。

英語の ツボ⑳

■問いと答えでは、一人称と二人称は入れ替わる♪

　(1)Shall we ～ ？ ＝ Let's ～ . なので、let's を含んだ **イ** No, let's not. It's going to rain. が正解です。

　(2)問いの主語がyouなので、Iを用いて答えている **ウ** I'm sorry, but I can't. I'm busy now. が正解です。

　(3)問いの主語がIなので、youを用いて答えている **ア** Yes, please. I have a lot of homework. が正解です。実はYes, please. は命令文だと気づきましたか？　Yes, please. ということは、Yes, (you) help me with my homework, please. という意味です。よって、Yes, please. の主語はyouなんですよ！

英語の ツボ㉑

■命令文は明らかな主語 you を省略し、動詞の原形を用いる♪

練習問題 ❸

次の各組の英文がほぼ同じ内容になるように、（　　　）内に適当な語を書きなさい。

(1) Will you go shopping for me?
　　（　　　） go shopping for me.
(2) Will you have a cup of tea?
　　（　　）（　　　） a cup of tea?
(3) Shall we dance?
　　（　　）（　　　） we dance?
　　（　　　） dance.

解答

(1) Please ／「私のために買い物に行ってもらえますか」
(2) How about ／「お茶を一杯いかがですか」
(3) Why don't / Let's ／「踊りましょう」

語句 (2) a cup of ～「1杯の～」／ tea「お茶」 (3) dance「おどる」

解説

(1)この Will you ～? は依頼なので、**Please** を用いた丁寧な命令文に書き換えられます。

(2)(1)と同じ問題だと思って Please have と書いてはいけませんよ。文末に「?」があります。そのうえ、この Will you ～? は、Will you have ～? ですから、物をすすめている表現です。物をすすめたり、提案したり、相手の意見を聞く決まり文句 **How about ～?**「～はどうですか」が正解です。

(3)Shall we ～? は Let's ～ . と同じ意味で、3文目の空所は **Let's** が入るのはわかりましたね？　2文目は、**Why don't** we dance? になります。Why の疑問文に対する答え方は学んでいませんが、why は「なぜ」と理由をたずねる疑問詞であることを知っている人も多いと思います。疑問代名詞と疑問副詞がいくつあるか思い出してください。

英語の ツボ㉒

■**疑問代名詞は3つ、疑問副詞は4つ♪**

　疑問副詞は when / where / how / why の4つです。Why don't we dance? を直訳すると、「なぜ私たちは踊らないのですか」になります。私たちが踊らない理由を本当に聞きたいときに使う場合もありますが、「なぜ踊らないの？　踊らない理由なんてないでしょ？」と考え、提案したり勧誘したりする表現になります。覚えておきましょう。

第1節で話した圓、他の話を思い出すために、英作文をしましょう。

チャレンジ問題

次の日本語を、will もしくは shall と [　　　] 内の動詞を用いて、英語になおしなさい。

(1) 電話に出ていただけませんか。[answer]

(2) 駅前で1時に彼を待ちましょう。[wait]

(3) コーヒー (your coffee) にミルクをいくらか入れましょうか。[put]

解答

(1) Will you answer the phone?

(2) Shall we wait for him in front of the station at one?

(3) Shall I put some milk in your coffee?

語句　(1) answer「～に応答する」　(2) wait「待つ」／ in front of「～の前で」　(3) put in「～に入れる」

解説

（1)依頼している文なので、動詞answerの主語はyou、したがって助動詞はwillです。「電話に出る」はanswer the phoneで表します。answerは「答える」「応答する」→「何に？」と聞きたくなりますが他です ➡ 第1節 。したがって、動詞のあとに前置詞は不要です。

（2)勧誘している文なので動詞waitの主語はwe、したがって助動詞はshallです。waitは「待つ」→「だれを？」と聞きたくなりますが自です。前置詞forをともなって、wait for「～を待つ」です。このあとに〈前＋名〉が2つ続きます。「～の前で」の意味の前置詞in front of、時刻につく前置詞atを用いて、**Shall we wait for him in front of the station at one?** とします。修飾語であるin front of the stationとat oneの順番は入れ替えてもOKです。

（3)相手の意向を聞いているので動詞putの主語はI、したがって助動詞はshallです。putは「置く」→「何を？」の感覚で他です。「置く」という行為は必ず場所をともないます。置く物と置く場所によって、putは「入れる」と訳したり「載せる」と訳したりします。ミルクをコーヒーの中に入れるのですから、場所の前置詞はinですね。まず、目的語まで完成させましょう。Shall I put some milk と作れましたか？　疑問文ですが、相手がyesと言いやすいように、anyではなくsomeを使いましょう。このあとはin your coffeeと続けます。

MEMO

今回は、動詞に意味をつけ加える助動詞を学びます。

レッスン1 助動詞の種類と働き

　これまでも助動詞について説明してきましたが、もう一度だけ、助動詞の働きを確認しましょう。今回で助動詞の勉強も最後です。

　「１つの文に助動詞は１つ♪⇒ 第3節 英語の ツボ⑫」「助動詞の働き♪ ①時制（過去、現在）を表す♪　②否定文、疑問文を作る♪（否定文→助動詞のあとにnotをつける、疑問文→助動詞を主語の前に出す、答え方→助動詞をくり返す）　③動詞に意味をつけ加える♪⇒ 第3節 英語の ツボ⑬」でしたね。

　今回は正真正銘、動詞に意味をつけ加える助動詞です。今回学ぶ助動詞を表にします。全体を理解するため、最初に紹介しますね。

◆動詞に意味をつけ加える助動詞

助動詞	主語がする行動に対してつけ加える意味	予想が当たる確率
must	「～しなければならない」【必要】【義務】 ＝〈have to +動詞の原形〉 ⇔「～しなくてもよい」【不必要】 〈don't have to +動詞の原形〉	「～にちがいない」 【推量】（100%）

may	「〜してもよい」【許可】 ⇔「〜してはいけない」【禁止】 <u>must not[mustn't]</u>	「〜かもしれない」 【推量】（50%）
can	「〜できる」【能力】 ＝〈be able to＋動詞の原形〉	can't 「〜のはずがない」 【推量】（0%）

※「＝」：ほぼ同じ意味／「⇔」：反対の意味

　それぞれの助動詞の説明に入る前に、全体に共通することを4点、お伝えしておきます。

◆今回扱う助動詞 **must** / **may** / **can** の時制はすべて現在です。**must** / **may** / **can** すべて現在形の助動詞です。

　▶前の節でも、can が現在形、その過去形が could という話を少ししましたね。

◆すべて、あとに<u>動詞の原形</u>が続きます。

◆「動詞につけ加える意味」は大きく分けて、①<u>主語がする行動に対してつけ加える意味</u>、②<u>予想がどれくらいの確率で当たるかに関する意味</u>（推量）、の2つの種類があることを覚えておいてください。中学では①の意味を中心に学びますが、教科書によっては②の意味も出てきますので、知っておくとよいでしょう。

　▶will についていえば、①が「〜するつもりだ」という意志の意味、②が「〜だろう」と推量する意味になります。

◆①の意味には、ほぼ同意の別の表現があるということです。will なら〈am / are / is＋going to＋動詞の原形〉がそれにあたります。逆にいうと、同意表現は②の意味では使えないので気をつけてください。

　以上が助動詞の共通点です。それでは、それぞれの助動詞を見ていきましょう。

> レッスン2　**must**：「必要・義務」を表す

　must は「〜しなければならない」という【必要】【義務】の意味を加えます。

・My mother **must** get up at five every morning.

「私の母は毎朝5時に起き**なければなりません**」

　同意表現は、〈have to ＋動詞の原形〉です。現在形の場合、have と has を主語によって使い分けるのは一般動詞の場合と同じです。have と has を使い分けるということは、<u>助動詞が do と does ということ</u>です。have を過去形 had にすれば、「〜しなければならなかった」という過去のことも表現できます。また、疑問文も一般動詞 have の文と同じ作り方です。

確認しよう

・I <u>have</u> to get up at five every morning.

「私は毎朝5時に起き**なければなりません**」

・<u>Do</u> you **have to** get up at five every morning?

「あなたは毎朝5時に起き**なければなりませんか**」

・My mother <u>has</u> to get up at five every morning.

「私の母は毎朝5時に起きなければなりません」

・<u>Does</u> your mother **have to** get up at five every morning?

「あなたのお母さんは毎朝5時に起きなければなりませんか」

・I <u>had</u> to get up at five yesterday morning.

「私は昨日の朝5時に起きなければなりませんでした」

・<u>Did</u> you **have to** get up at five yesterday morning?

「あなたは昨日の朝5時に起きなければなりませんでしたか」

◆ **must** と **have to** の否定文の意味のちがい

　ここからがちょっとややこしいかもしれません。

　must や have to の意味の日本語「〜しなければならない」という【必要】の反対は「〜しなくてもよい」という【不必要】です。それを英語でどう表現するかが問題なのです。

　実は、must と have to は、ふつうの文では同じ意味ですが、not を入れた否定文では意味がちがいます。

そうなのですか!?

　否定文というのは、打ち消しの文ですから、ふつうに考えれば反対の意味になります。しかし、mustを否定文にしたmust notはmustを否定しているのではなく、そのあとに続く動作を否定しているのです。

　つまり、She must not get up late.「彼女は《遅く起きない》をしなければならない」＝「彼女は遅く起きてはいけません」

　よって、must notは、【禁止】の意味になるのです。

　一方で、【不必要】の意味を表すのはdon't have toの表現になります。must not の意味とdon't have toの意味のちがいをしっかり理解してください。

確認しよう

・You **mustn't** take pictures here.

「ここで写真を撮ってはいけません」【禁止】

・You **don't have to** get up early tomorrow.

「明日は早く起きなくてもよいです」【不必要】

◆「〜しなければならない」の過去と未来の文

　時制の書き換えの例題をいっしょに解いてみましょう。

例題

次の英文を、[　　]内の指示にしたがって書き換えなさい。

(1) I must wash the dishes. [過去の文に]

(2) I must write an email to her. [未来の文に]

解答

(1) I had to wash the dishes. ／「私はお皿を洗わなければなりませんでした」

(2) I will have to write an email to her. ／「私は彼女にEメールを書かなければならないでしょう」

語句 (1) wash「〜を洗う」／ dish「皿」 (2) email「E メール」

解説

(1)mustを過去にするにはどうしたらよいと思いますか？

I musted wash the dishes. ですか？

そんなはずはありませんね。動詞の語尾につける -ed は助動詞 did のことだから、これでは must と did、助動詞が２つあることになってしまいます。「１つの文に助動詞は１つ♪ ⇒ 第3節 英語の ツボ⑫」を必ず守ってください！

そういえば、**can** の過去形は **could** でしたね。**must** にも過去形があるということですか？

can には過去形の could がありますが、must には過去形がありません。そこで、同意表現 have to の過去形を用います。つまり、must「〜しなければならない」を過去の文にするには、**had to**「〜しなければならなかった」で表します。

(2)今度は未来の文です。

I will must write an email to her. ですか？

また、まちがえていますよ。「１つの文に助動詞は１つ♪ → 第3節 英語の ツボ⑫」でしたね。will と must で助動詞が２つになっています。
　未来の表現も同意表現の have to を使います。must「〜しなければならない」を未来の文にするには、**will have to**「〜しなければならないでしょう」で表します。will have to であれば、will のあとに動詞の原形

haveが続いているので問題ありません。

> ✕ will　　must
> 〔助動詞〕＋〔助動詞〕なのでNG
> ◯ will　　have to
> 〔助動詞〕＋〔動詞の原形〕なのでOK

have to と will have to は、意味がちがいますか？

　have toは現在形だから、しなければならないことが今現在で明確になっている感じです。will have toは、「今はやらなくてもよいけれど、いつかやらなくてはならなくなるだろうな」ということになりますね。ただし、この2つを使い分けなくてはならない場面は、中学の学習ではないと思います。**will have to**の形が作れるようになっていれば大丈夫です。

レッスン3　may：「許可」を表す

さて、次はmayです。
must not「〜してはいけない」の反対の意味はなんでしょうか？

「〜してはいけないことはない」ということは「〜してもよい」ですか？

　そのとおりです。【禁止】の反対は【許可】です。今までは【許可】の表現にはcanを使ってきましたが、もともとcanは「能力・可能性」の意味が強く、【許可】「〜してもよい」の意味がメインである助動詞は**may**です。

確認しよう

・May I take pictures here?　　「ここで写真を撮ってもよいですか」

というわけで、【必要】【不必要】【許可】【禁止】について、何が何の反

対なのか、それを日本語ではどう表現しているのか、それを英語で表現するとどうなるのか、しっかり理解しましょう。これは意味の問題ですから、まずは日本語でできることが肝心です。

英語の ツボ㉓
■ must の反対は must not にあらず♪

may の反対が mustn't ということですが、may の否定文はないのですか？

　もちろんありますよ。may notの意味ですが、許可しない、つまり「不許可」なので、結果として「禁止」と同じになります。mayとnotは短縮できないので気をつけてくださいね。

確認しよう

・You **may not** take pictures here.

「ここで写真を撮ることは許されていません」

なんだか大変です。

　ここまでの反対の関係を理解したところで、mustとmayの疑問文と答

え方を見てみましょう。

疑問文	**Must I go into the hospital?**
	「私は入院しなければなりませんか」【**必要**】
答え方	---**Yes, you must.**
	--- 「はい、入院しなければなりません」【**必要**】
	---**No, you don't have to.**
	--- 「いいえ、入院する必要はありません」【**不必要**】
疑問文	**May I borrow these books?**
	「私はこれらの本を借りてもいいですか」【**許可**】
答え方	---**Yes, you may.**
	--- 「はい、いいですよ」【**許可**】
	---**No, you may not.**
	--- 「いいえ、借りることは許されていません」【**不許可**】
	[**No, you mustn't[must not].**
	--- 「いいえ、借りてはいけません」【**禁止**】]

　今までの疑問文の答え方の基本は、助動詞をくり返すことでした。must でたずねられたら must で答えると思いがちです。しかし、「**must の反対は must not にあらず♪ 英語の ツボ㉓**」なので、「No のときの答え方」は、今までの常識が通用しなくなります。

　先ほどまでは反対の意味を覚えてもらいましたが、「反対の意味」というのは、別の言い方をすると、「No のときの答え方」です。「～しなければなりませんか」に対して、「いいえ」で答えると、「必要」の反対、つまり「不必要」であると答えることになりますから、「その必要はありません」と続きますね。ですから、先ほど覚えた反対の意味の表現、これを使うことになります。

　ここが助動詞をクリアする最大のポイントですよ！

練習問題 ❶

次の英文を、[　　　]内の指示にしたがって書き換えなさい。

(1) He does his homework.

　　[「～しなければならない」という意味を加えて]

(2) You stay here. [「〜してもよい」という意味を加えて]

(3) You must eat this apple. [否定文にして、意味を日本語で]

(4) He has to go shopping. [否定文にして、意味を日本語で]

(5) You had to make dinner today. [疑問文に]

解答

(1) He must[has to] do his homework. ／「彼は宿題をしなければなり
ません」

(2) You may[can] stay here. ／「あなたはここにいてよいです」

(3) You mustn't[must not] eat this apple. ／「このリンゴを食べてはい
けません」

(4) He doesn't have to go shopping. ／「彼は買い物に行く必要はあり
ません」

(5) Did you have to make dinner today? ／「あなたは今日夕食を作ら
なければなりませんでしたか」

語句 (3) apple「リンゴ」

解説

(1)「〜しなければならない」という意味を加えるには、must か
have[has] to を用いて表します。have to を使って表す場合は、主語が
he という三人称単数なので、has を用います。助動詞 has to のあとの動
詞は原形にします。

(2)「〜してもよい」という意味を加えるには、may か can を用いて表
します。

(3) must の否定文は must not[mustn't] を用いて表します。意味は「禁
止」の「〜してはいけません」です。

(4) have[has] to の否定文は do[does] not have to。意味は「不必要」
の「〜する必要はありません」です。

(5) 過去の文なので、did を使います。

次に時制を変える問題もトライしてみましょう。

練習問題 ❷

次の英文を、[　　　]内の指示にしたがって書き換えなさい。

(1) Do I have to clean this room?［主語を she にかえて］

(2) I don't have to work on weekends.［過去の文に］

(3) I must help my father.［過去の文に］

(4) I must get up at six.［未来の文に］

解 答

(1) Does she have to clean this room? ／「彼女はこの部屋をそうじしなければなりませんか」

(2) I didn't have to work on weekends. ／「私は週末に働く必要はありませんでした」

(3) I had to help my father. ／「私は父を手伝わなければなりませんでした」

(4) I will have to get up at six. ／「私は6時に起きなければならないでしょう」

語句　(2) weekend「週末」　(4) get up「起きる」

解 説

(1)主語が三人称単数になるので、助動詞をDoからDoesにかえます。haveは原形のままです。

(2)現在の助動詞doを過去の助動詞didにします。haveは原形のままです。

(3)mustの過去はhad toで表します。

(4)mustの未来はwill have toで表します。

◆助動詞を含む文と命令文の書き換え

　助動詞を含む文は命令文に書き換えることができます。ポイントは、命令文の主語がyouだったことです。ですから、助動詞を用いて書き換えるとき、命令文の主語youを忘れないようにしましょう。

　前節のWill you 〜？とShall we 〜？の表現も含めて、一覧にしておきます。

命令文	助動詞を含む文
・〈動詞の原形〜 .〉	= 〈You must ＋動詞の原形〜 .〉
・〈Don't ＋動詞の原形〜 .〉	= 〈You mustn't ＋動詞の原形〜 . 〉
・〈Please ＋動詞の原形〜 .〉	= 〈Will you ＋動詞の原形〜 ?〉
・〈Let's ＋動詞の原形〜 .〉	= 〈Shall we ＋動詞の原形〜 ?〉

練習問題 ❸

次の各組の英文がほぼ同じ内容になるように、（　　）内に適当な語を書きなさい。

(1) You must study hard.

　（　　）（　　）.

(2) Don't watch TV for a long time.

　（　　）（　　）watch TV for a long time.

(3) Close your eyes, please.

　（　　）（　　）close your eyes?

(4) Let's play baseball in the park.

　（　　）（　　）play baseball in the park?

解答

(1) Study hard ／「一生懸命勉強しなさい」

(2) You mustn't ／「長い時間テレビを見てはいけません」

(3) Will you ／「目を閉じてください」

(4) Shall we ／「公園で野球をしましょう」

語句 (1) hard「一生懸命に」 (2) watch TV「テレビを見る」／ for a long time「長い時間」 (3) eye「目」 (4) baseball「野球」／ park「公園」

解説

　(1)You must 〜 .は命令文に書き換え可能です。You must study hard.はYou have to study hard.も同意文ですが、空所の数から命令文のほうになりますね。

　(2)Don't 〜で始まる禁止の命令文は、You <u>must not</u>[mustn't] 〜に書き換えられます。まちがえてMust notになっていませんか？　命令文の主語がyouであることも忘れていませんでしたか？

　(3)pleaseを使った丁寧な命令文はWill youで書き換え可能です。主語

youが決まると、willとshallの選択はwillになります。 ➡ 第5節。

(4)Let's はLet usの短縮形です。主語weが決まるとshallが選択でき
ます。 ➡ 第5節。

> レッスン4 can：「能力」を表す

おなじみのcanです。「能力」を表し、「～することができる」の意味を
つけ加えます。同意表現は〈be able to＋動詞の原形〉です。be動詞が
助動詞にあたるので、am / are / isなら現在の表現、was / wereなら過
去の表現、will beなら未来の表現になります。

確認しよう

・My sister **can** speak Spanish well.
　　　　　　「私の姉［妹］は上手にスペイン語を話すことができます」
・I **am able to** ride a bike.
　　　　　　「私は自転車に乗ることができます」
・He **wasn't able to** swim last year.
　　　　　　「彼は去年泳ぐことができませんでした」
・**Will** the baby **be able to** walk soon?
　　　　　　「その赤ちゃんはもうすぐ歩けるようになるでしょうか」

練習問題 ❶

次の英文を、[　　]内の指示にしたがって書き換えなさい。
(1) My mother can't drive a car. ［able を用いて過去の文に］
(2) Can he read Chinese? ［未来の文に］

解答

(1) My mother wasn't[was not] able to drive a car. ／「母は車を運転
することができませんでした」
(2) Will he be able to read Chinese? ／「彼は中国語を読むことができ
るようになりますか」

語句　(1) drive「～を運転する」　(2) Chinese「中国語」

(1)canの過去形のcouldを用いて表すことも可能ですが、be able toを用いても書けるようにしましょう。be動詞が助動詞なのでmy motherに対する過去のbe動詞wasの否定文の形にします。

(2)疑問文のままだと混乱する人は、まずふつうの文He can read Chinese.になおしてから考えましょう。未来にすると、He will be able to read Chinese. です。×He will can read Chinese.とした人はいませんか？　何度も言いますが、「１つの文に助動詞は１つ♪ →第3節 英語の ツボ⑫」ですよ！　He will be able to read Chinese.の助動詞willだけを主語の前に移動させて疑問文にします。will be able to は未来にその能力が備わることになるので、今はまだできない、が前提になります。現在形と区別できるようにしておきましょう。

◆助動詞の書き換え

canの書き換えを学んだので、学習ずみの助動詞will / must の同意表現を復習しながら、次の練習問題を解いてみましょう。

練習問題 ❷

次の各組の英文がほぼ同じ内容になるように、(　　　)内に適当な語を書きなさい。

(1) I will help my mother.

　I (　　　)(　　　)(　　　) help my mother.

(2) Must I get home by 6:00?

　(　　　) I (　　　)(　　　) get home by 6:00?

(3) They can't run fast.

　They (　　　)(　　　)(　　　) run fast.

解 答

(1) am going to ／「私は母を手伝う予定です」

(2) Do, have to ／「私は6時までに帰宅しなければなりませんか」

(3) aren't able to ／「彼らは速く走ることができません」

▶ willとbe going to、mustとhave to、canとbe able toは、本当はまったく同じというわけではありません。細かいニュアンスのちがいなどはありますが、学校のテストや高校入試では問われません（興味のある人は、辞書などで調べてみてください）。今は同

意なものとして書き換えられることが大事です。

解説

(1)will＝be going to です。主語がIで現在の文なので、amを用います。

(2)must＝have toです。mustは助動詞ですが、have toでは助動詞はdoです。疑問文なのでdoで始めます。

(3)can＝be able to です。主語がtheyで現在の文なので、areを用います。

レッスン5 推量の意味の助動詞

推量の意味の助動詞について簡単にまとめます。

70ページの表で示したとおり、mustは「〜にちがいない」という意味で、予想が当たる確率としては一番高く、100％に近いです。mayは「〜かもしれない」という意味で50％ほどです。そして、確率が0％近くと最も低いのは、canの否定形can'tで「〜のはずがない」になります。

ここで注意してもらいたいのが、must（可能性100％）の反対はcan't（可能性0％）ということです。推量の意味でも、「mustの反対はmust notにあらず♪ ➡ 英語のツボ㉓」なので、気をつけましょう。

確認しよう

・He must be from Kyoto.　　「彼は京都出身にちがいない」

・He may be sick.　　「彼は病気かもしれません」

・He can't know me.　　「彼は私を知っているはずがありません」

チャレンジ問題

次の日本語を英語になおしなさい。

(1) 彼らは先週学校に行く必要がありませんでした。

(2) 学校に遅刻してはいけません。[You を主語にして]

(3) マイクは昨日、おばさんに会わなくてはなりませんでしたか。

(4) ここに座ってもいいですか。

(5) 彼は3年前、上手にスケートができましたか。[able を用いて]

(6) あの大きな建物を見逃すはずはありません。

(1) They <u>didn't</u>[did not] have to go to school last week.

(2) You <u>mustn't</u>[must not] be late for school.

(3) Did Mike have to see his aunt yesterday?

(4) May I sit here? (Can I sit here?)

(5) Was he able to skate well three years ago?

(6) You <u>can't</u>[cannot] miss that big building.

語句　(1) last week「先週」　(2) be late for ～「～に遅刻する」　(3) see「～に会う」
(4) sit「座る」　(5) skate「スケートをする」　(6) miss「～を見逃す」

解 説

　「禁止」「不必要」「許可」など、どの表現を使えばよいかに頭を悩ますと思いますが、時制が「現在」なのか「過去」なのかにも注意しましょう。

　(1)内容は「不必要」で時制が「過去」なので、<u>didn't</u>[did not] have to を使って表します。

　(2)内容は「禁止」、時制は「現在」なので<u>mustn't</u>[must not]を用います。「～に遅刻する」はbe late for ～です。lateは形容詞なので、be動詞の原形を入れ忘れずに！

　(3)時制は過去です。「～しなければならない」の過去形はhad toを用います。疑問文にするので過去の助動詞didで文を始めます。「～に会う」seeは他ですから、seeのあとに前置詞は不要です。

　auntの前に所有格を書き忘れていませんか？　auntは数えられる名詞なので、そのままにしないように。「**数えられる名詞Ｃはそのままでは使えない♪** ➡ 第1節 **英語の ツボ❼**」です！

　(4)内容は「許可」なのでmayを用います。sitは自ですがhereが副なので前置詞は不要です。× sit in here は誤りですよ。

　(5)時制は「過去」です。be able to を使った過去の疑問文にします。主語がheなのでwasを用います。「スケートをする」は自のskateです。× play skateとは言いません。

　(6)道案内でよく用いられる表現です。「必ず見つかるよ！」という意味で、**can't**「**～のはずがない**」を用いて、can't miss「～を見逃すはずはない」という言い方をします。「～を見逃す」は他のmissです。

MEMO

■■**イントロダクション**■■

☑ 等位接続詞の働きと使い方を知る ▶1
☑ 従属接続詞の働きと使い方を知る ▶1
☑ 名詞節を作る接続詞 that を含んだ文を作る ▶2
☑ that 節を目的語にとる動詞を知り、文を作る ▶3
☑ that 節があとに続く形容詞を含む表現を知り、文を作る ▶3

今回は、新しいタイプの接続詞を学びます。

> レッスン**1**　**等位接続詞と従属接続詞**

「接続詞」といったら、何を思い浮かべますか？

> **and** や **but** です。

　そうですよね。「そして」や「しかし」は、何かと何かをつないでいる感じがしますね。1年生でも少し習いましたが、**and** / **but** / **or** / **so** を等位接続詞といいます。文字どおり、語と語、句と句、文と文を対等につなぎます。下の表で、□□□で囲んである接続詞の左右が対等であることを確認してください。〈　　　〉の部分がそれぞれの接続詞でつながっている部分です。

◆等位接続詞

A and B	「AとB」 【追加】	例　I like 〈tennis │and│ soccer〉. 「僕はテニスもサッカーも好きです」 ▶語（名詞）と語（名詞）をつないでいる例
A but B	「AでもB」 【逆接】	例　He is 〈poor │but│ happy〉. 「彼は貧しいけれど幸せです」 ▶語（形容詞）と語（形容詞）をつないでいる例

A or B	「Aそれともタ B」 【選択】	例　Do you come to school 〈by bus or by bike〉? 「あなたは学校にバスで来ますか、それとも自転車で来ますか」 ▶句〈前＋名〉と句〈前＋名〉をつないでいる例
A, so B	「Aその結果 B」 【結果】	例　〈It rained hard yesterday, so I stayed home all day.〉 「昨日は激しく雨が降ったので、一日中家にいました」 ▶文と文をつないでいる例

　この節から新しいタイプの接続詞が登場します。名前は従属接続詞です。

　　　「等」が「従」になったということは、今度は対等なもの
　　　をつなぐのではなく、主人と家来みたいに、主従の関係
　　　にあるものをつなぐということですか？

　そうですね。まちがいありません。ただ、「主従の関係」という見方をすると、かえってわかりにくくなってしまいます。従属接続詞は、〈**接続詞＋主語＋動詞…**〉で「**意味のまとまり**」になる、と覚えてください。このまとまりのことを「節」とよびます。何のまとまりになるのかをこれから説明しますね。

　英文を作る材料は、「英文になくてはならないもの」である名詞と動詞、「修飾語（飾り）」である形容詞と副詞です→ 第**1**節 ・ 第**2**節 。「**意味のまとまり**」という場合は必ず、この4つから動詞を除いた3つ、つまり**名詞・形容詞・副詞のどれかの働き**になります。これは2年生、3年生の勉強でとても大切なことです。絶対頭に入れておいてください。

　そして、〈**接続詞＋主語＋動詞…**〉の「**意味のまとまり**」が名詞の働きをするものを名詞節、形容詞の働きをするものを形容詞節、副詞の働きをするものを副詞節とよびます。2年生では名詞節と副詞節、3年生では主に形容詞節を学びます。

英語の ツボ㉔

■〈従属接続詞＋主語＋動詞…〉で「意味のまとまり」になる♪
■「意味のまとまり」は、必ず名詞・形容詞・副詞のどれかになる♪

それでは具体的に、名詞節を作る接続詞について学んでいきましょう。

レッスン❷ 名詞節を導く接続詞 that

〈that＋主語＋動詞…〉「…が～するということ」という名詞節を作ります。

確認しよう

He knows that I play tennis well.

「私が上手にテニスをすることを彼は知っています」

上の文の ［that I play tennis well］が「私が上手にテニスをすること」という名詞節で、他knowの目的語になっています。

今までは、たとえばknowの目的語といえば、He knows Emi. のEmiや、He knows this tall man. のthis tall manのように、名詞1語や〈限定詞＋形容詞＋名詞〉のかたまりでしたが、それが、〈that＋主語＋動詞…〉もOKですよ、ということです。

主従の関係を理解しやすくするために、具体的な英文の構造を図解しておきます。

◆主節と従属節の関係図

> **He knows** that **I play tennis** (well).
>
> 主節　　　　従属節＝〈従属接続詞＋主語＋動詞…〉の部分
>
> ▶主節の一部である目的語（＝名詞）になる部分なので、家来にあたるものといえます。

88

なお、〈接続詞 that ＋主語＋動詞…〉の名詞節を **that 節**とよびます。
ところで、名詞は英語の文ではどこに代入されますか？

> 第1節 でまとめました。主語か補語か目的語のところです。

そうですね。ですから、名詞節も、主語にも補語にも目的語にもなります
すが、中学では、目的語になる場合のみを扱います。
では、もう1つ。目的語が後ろにくる動詞を何といいましたか？

> 他動詞です。

よく覚えていてくれました。ですから、**名詞節は他動詞の目的語になる**、
ということです。

レッスン 3　**that 節を目的語にとる動詞**

> 他動詞ならどんな動詞でも、その目的語に名詞節を置く
> ことができますか？

さすがにそんなことはありません。「持っている→何を？」と聞きたく
なっても、「…が～することを持つ」なんてことはできませんよね？　で
すから、**that 節**が目的語になる代表的な他動詞をいくつか覚えることにし
ましょう。

◆ that 節を目的語にとる動詞

know ＋ that節	「…が〜だと知っている」
think ＋ that節	「…が〜だと思う」
hope ＋ that節	「…が〜なのを望む」
hear ＋ that節	「…が〜だと聞いている［だそうです］」
say ＋ that節	「…が〜だと言う」
believe ＋ that節	「…が〜だと信じる」

　下記では例文の名詞節の部分を ［　　　］ でくくってあります。なお、**名詞節を導くthatは省略**することができます。

確認しよう

・I think [(that) he was sick in bed yesterday].
　　　「彼は昨日病気で寝ていたと思います」
・I hope [(that) it will be sunny tomorrow].
　　　「明日晴れることを望みます」

　「思う」「知っている」「わかる」にあたるような意味の動詞は、that節を目的語にとるものが多いです。そして、他動詞だけでなく、次のような形容詞のあとに置くこともできます。

◆ that 節があとに続く形容詞を含む表現

be sure ＋ that節	「きっと…が〜だと思う」
be afraid ＋ that節	「…が〜ではないかと不安に思う」
be glad ＋ that節	「…が〜なのをうれしく思う」

確認しよう

・I'm sure [(that) she will like it].
　　　「きっと彼女はそれを気に入ってくれると思います」
・I'm afraid [(that) you have the wrong number].
　　　「電話番号をおまちがえではないかと思いますが」

sureは「たしかな」、afraidは「不安な」という意味の形容詞なので、「何をそんなに自信を持って思っているの？」「何をそんなに不安に思っているの？」と聞きたくなるので、be sureやbe afraidはthinkのバリエーションだと考えればよいでしょう。

では、まず正しく名詞節を作るところから練習しましょう。

練習問題

次の（　　）内の語句を並べ替え、意味の通る英文にしなさい。また、できた英文を日本語になおしなさい。

(1) He says (will / he / lunch / eat / that / for / bread) today.

(2) My mother doesn't know (made / lunch / I / her / for / that) yesterday.

(3) Do you think (can / easily / we / these questions / answer)?

解答

(1) that he will eat bread for lunch ／「今日は昼食にパンを食べる予定だと彼は言っています」

(2) that I made lunch for her ／「母は、昨日私が母のために昼食を作ったことを知りません」

(3) we can answer these questions easily ／「私たちがこれらの問題を簡単に解けると思いますか」

解説

say / know / think どれも⑩です。その目的語を〈that＋主語＋動詞…〉で続けます。従属節である（　　）内にある動詞eat / made[make] / answerはどれも⑩なので、「主語→動詞→目的語→修飾語」の順です。

　(1)（　　）内の主語はhe、動詞はeat。willがあるので時制は未来でwill eatです。目的語はlunchもbreadも可能性がありますが、forの使い方を考えると目的語の名詞はbreadです。修飾語がfor lunch「昼食に」です。以上を接続詞thatのあとに続けます。

　(2)（　　）内の主語はI、動詞はmade、目的語がlunch、修飾語がfor herです。以上を接続詞thatのあとに続けます。

　(3)（　　）内の主語はwe、動詞は助動詞canをつけてcan answer、目的語はthese questions、修飾語が副詞のeasilyです。この従属節は

that が省略されたパターンです。主節の出だしがDo you thinkと疑問文の語順ですがthat節は名詞なので、ふつうの文の語順です。that節の中はいつも〈主語＋動詞…〉の順です。

　ここでは従属節内を並べ替える問題だったので、語順に集中してもらいましたが、時制にも注意してください→ 第3節 ・ 第4節 。p.91 練習問題 のthat節の時制は、それぞれ未来、過去、現在でした。確認しておいてください。

　今度は全体の並べ替え問題を解きながら、主節と従属節のある文の構造に慣れていきましょう。

例題

次の（　　　）内の語句を並べかえ、意味の通る英文にしなさい。また、できた英文を日本語になおしなさい。
(1)(she / you / this cat / that / sure / wants / are)?
(2)(he / I / Hokkaido / in / knows / lived / that).
(3)(he / I / here / will / don't / think / come).

解　答

(1) Are you sure [that she wants this cat]？／「あなたはきっと彼女がこのネコをほしがると思いますか」
(2) He knows [that I lived in Hokkaido].／「私が北海道に住んでいたことを彼は知っています」
(3) I don't think [he will come here].／「彼はここに来ないと思います」

▶わかりやすいように「名詞節」は［　　］でくくってあります。

語句　(1) want「〜がほしい」　(2) live「住む」

解　説

　主節と従属節の文に慣れていないと、どこから並べ替えの手をつけてよいのかとまどうかもしれません。ですが、心配はいりません。すべて今まで学んだことから解くことができます。**最初に動詞に着目**してください。

　まず、動詞の語形に着目すれば、主語が何かわかってきます。現在形はbe動詞も一般動詞も主語によって形が変わりましたね。そして、その動詞

が他動詞か自動詞か考えれば、あとにどんな品詞を置くかもわかります。

英語の ツボ㉕
■鍵を握っているのは、すべて動詞♪

もう１つ。接続詞を学んだので、こんな感覚をみがいてください。

英語の ツボ㉖
■接続詞が１つある→〈主語＋動詞…〉が２組ある♪
■〈主語＋動詞…〉が２組ある→接続詞が１つある♪

　今まで主語と動詞が１組しかなかったのは、接続詞を用いてなかったからです。接続詞を使えるようになると、〈主語＋動詞…〉を何組でも使えるようになります。

英語の ツボ㉗
■接続詞の数＋１＝〈主語＋動詞…〉の組の数♪
■〈主語＋動詞…〉の組の数－１＝接続詞の数♪

　では 例題 の文を見てみましょう。わかりやすいように、主語をすべて主格の代名詞にしてあります。
　(1)動詞はwantsとare、主語になりそうな名詞はsheとyouです。〈主語＋動詞〉が２組あるので、接続詞が１つ使われている文と判断でき、その接続詞はthatです。areは主語youに対応するbe動詞、wantsは主語が三人称単数に対応する動詞の形なのでyou areとshe wantsの〈主語＋動詞〉の組み合わせが作れます。
　be動詞のあとは形容詞がくるので、それがsureです。そのあとにthat節が続くというわけです。「?(クエスチョンマーク)」が与えられているので、疑問文にします。

　(2)動詞はknowsとlived、主語になりそうな名詞はheとIです。三人称単数の主語に対応する動詞がknowsなので、he knowsとI livedの組み合わせが作れます。〈主語＋動詞〉が２組あるので、接続詞が１つ必要です。それがthatですね。knowは他でthat節を目的語にとり、liveは自

なので、前置詞が続きます。

(3)今度は並べ替えの語句に助動詞があります。そこに着目してください。実際に時制を持っているのは助動詞でしたね。

> 助動詞は **don't** と **will** で、主語は **he** と **I** ですね。**I** はどちらも使えますが、**he** は **will** しか使えません。

I don't とhe willが決まりましたね。〈主語＋動詞〉が2組なので接続詞が1つ必要ですが、見あたらないので、that節のthatの省略と考えます。think that 節ですが、I don't think なのか、He will think なのかの判断が必要です。どちらでしょうか？

> これから起こることについて今考えている、という状況が自然ではないですか？

そのとおりです。I don't think [he will come here]. の語順です。
では、日本語訳の「彼はここに来ないと思います」と「彼がここに来るとは思いません」とでは、どうちがいますか？

> 同じ意味ではないのですか？

意味は同じですよ。なので、I think he won't come here. でも正しいです。ただ、日本語は「〜と思います」で終わるのが自然なのに対し、英語はthinkを否定するほうが自然なのです。英語はなるべく早く否定文かふつうの文かを知りたい言語であることと、「〜でないと思う」より「〜だとは思わない」のほうが穏やかに聞こえるという理由で、I don't think that 〜 . とするのです。
というわけで、 例題 の(3)は日本語の訳をつけた問いにすると意地悪な問題になります。ちょっと見てみましょうか。

彼はここに来ないと思います。
(he / I / here / will / don't / think / come).

I think he will don't …… 「あれ？」と感じませんか？

これで、don't は think を否定するのだな、とすぐ判断して考えなおせる人はいいのですが、強引に will don't とまちがえてしまう人も少なくありません。「1つの文に助動詞は1つ♪ ➡ 第3節 英語の ツボ⑫」ですから、will don't はありえませんね。「彼はここに来ないと思います」＝「彼はここに来るとは思いません」として I don't think he will come here. が正解です。

接続詞を学んだので、今後は「1つの文」は「1つの節」と言い換えたほうが正確になりますね。

英語の ツボ㉘
■ 1つの節に助動詞は1つ♪

例題 も、that 節の時制を現在、過去、未来とすべて使いました。気づきましたか？

最後に、that 節の中の時制にも気をつけながら英作文をしましょう。

チャレンジ問題

次の日本語を英語にしなさい。ただし、[　　]内の語を用いること。

(1) あなたのお父さんは英語の先生だったそうですね。[hear]

(2) 明日は雨が降るのではないかと心配ですか。[afraid, rain]

(3) この看板には「ここで泳いではいけません」と書いてあります。[says, you]

解 答

(1) I hear [(that) your father was an English teacher] .

(2) Are you afraid [(that) it will rain tomorrow] ?

(3) This sign says [(that) you must not swim here] .

▶わかりやすいように「名詞節」は [ ] でくくってあります。

解説

⑴「～だそうです」は動詞 **hear** を用います。hear は⦅他⦆で、進行形にはしません。目的語に that 節がくると、「～だと聞いて知っている」という伝聞の意味になるので、「～だそうです」という訳になります。that 節をとる動詞は「思う」「知っている」「わかる」のような意味になりやすい、と説明しました。そして、「動詞のあとにどんな品詞を置くかによって、動詞の意味が決まる♪→ 第1節 英語の ツボ❺」ということもお話ししました。同じ⦅他⦆としての使い方でも、あとにふつうの名詞がくるのと、名詞節がくるのでは意味もちがってくるのです。深いですね。that 節の中の時制は過去です。English teacher に限定詞をつけることを忘れないように。

⑵ afraid は形容詞なので、Do you ～? ではなく、Are you ～? にします。that 節の中は「明日」のことなので、時制は未来です。rain は⦅自⦆ですよ。will のあとに be を続けてしまったら、そのあとは形容詞 rainy を続けないとまちがいです。気をつけましょう。

⑶ say に三人称単数現在の -s がついているので、this sign しか主語になれないのですが、「書く」といえば write を使うように思う人がいるかもしれません。say と write は、どちらも⦅他⦆ですが、主語と目的語がちがいます。write の場合は人が主語、目的語が「看板」(例 I wrote this sign yesterday.)、say の場合は主語が「看板」、目的語はそこに書いてある内容、になります。「禁止」を表すのは must not です。here は副詞なので、×swim in here はまちがいです。

MEMO

■■■ イントロダクション ■■■

- ☑ 名詞節と副詞節を区別する 1
- ☑ 副詞節の文中の位置と働きを理解する 1
- ☑ 副詞節を導く接続詞を知る 2
- ☑ 副詞節を含む文を作る 2
- ☑ 文中の副詞節を見つける 2

今回は、第**7**節 の従属接続詞の続きです。

レッスン1　副詞節とは

前回、新しいタイプの接続詞である従属接続詞を学びました。まずはその復習をしましょう。従属接続詞のあとは、何が続きましたか？

> えっと、名詞…で合っていますか？

それはよくない答え方です。もしかしたら、従属接続詞のあとには〈主語＋動詞…〉がきて、主語になれるのは名詞だったから……、と考えて「名詞」と答えてくれたのかもしれませんが、そのような考え方はさけるようにしましょう。従属接続詞のあとには〈主語＋動詞…〉と答えてください。というのは、前置詞と接続詞をしっかり区別をしてもらいたいからなのです。

前置詞と接続詞の同じところとちがうところを言えますか？

> どちらも後ろに何か必要です。

そうです。そして、後ろに置くものがちがうのです。

英語の ツボ㉙

■前置詞と従属接続詞は単独では存在できない♪

■〈前置詞＋名詞〉で「意味のまとまり」♪

■〈従属接続詞＋主語＋動詞…〉で「意味のまとまり」♪

とても大事なことです。忘れないでください。

では、次の質問です。〈接続詞＋主語＋動詞…〉の「意味のまとまり」はどの品詞の働きになりましたか？

覚えていましたよ！　名詞・形容詞・副詞、この３つです。「英文になくてはならないもの」と「修飾語」になる品詞の４つから、動詞を取り除いた３つでした。

すばらしいです！　**第7節**〈接続詞＋主語＋動詞…〉は、とても長いように見えますが、名詞・形容詞・副詞といった、英文の一部分にしかならないから家来の働き、つまり、これらのまとまりが従属節、骨組みの文のほうが主節、というわけでしたね。

もう一度、前節の図をおさらいしておきましょう。

◆主節と従属節の関係図

He knows that I play tennis (well).

　　主節　　　従属節 ＝〈従属接続詞＋主語＋動詞…〉の部分

▶主節の一部であるknowsの目的語（＝名詞）になる部分なので、家来にあたるものといえます

英語の ツボ㉚

■〈従属接続詞＋主語＋動詞…〉の「意味のまとまり」は、名詞節・副詞節・形容詞節のいずれかになり、従属節となる♪

今回の内容に入る前に、もう１つ思い出してもらいたいことがあります。他動詞と自動詞です。他と自はどういうものか説明できますか？

＞ ⑩は後ろに目的語がくる、⑪は目的語がこない、です！

その後ろにくるものを品詞に置き換えたらどうなりますか？

＞ ⑩のあとは名詞、⑪のあとは副詞、もしくは〈前置詞＋名詞〉です！

　すばらしいです！　中学生で、⑩のあとは名詞、⑪のあとは副詞、がわかっていたら、かなりの文法事項を理解できますよ。覚えていてくれて本当にうれしいです！　忘れた人は 第**1**節 を見直してくださいね。

英語の ツボ㉛

■ ⑩のあとは名詞♪　⑪のあとは副詞♪

　では、ちょっとしたクイズ形式の例題を解いてみましょう。

例題

次の英文の □ の部分には、名詞・副詞のどちらが入りますか。

(1) I think [　　　　　　　　　　　　] .

(2) I'll go to the park [　　　　　　　　　　　] .

(3) [　　　　　　　　　　　　] , I'll go to the park.

(4) I'll play tennis [　　　　　　　　　] .

解　答

(1) 名詞

(2) 副詞

(3) 副詞

(4) 副詞

解説

(1)の動詞は think で、前節でやりました。ということは、名詞のような気がします。

理由はなんですか？　think は⑩それとも㊙ですか？

⑩です。think が⑩だから、後ろに名詞節が続くのですね。

そのとおりです。同様に(2)の go は㊙だから、副詞が後ろに続きます。(3)は(2)と同じ文ですが、I'll go to the park の位置がちがいますね。副詞の位置は文末・文頭・not の位置ですから、文頭、つまり主語の前に置けるのは副詞しかありません→ 第2節 。

(4)の play は⑩で、目的語は tennis ですよね。ということは、そのあとは副詞ですか？

よくできました。この□の部分がどれも〈接続詞＋主語＋動詞…〉なら、(1)が名詞節、(2)～(4)が副詞節ということになりますね。はい、もうこれで副詞節終了！　と言ってもいいくらいですよ。

今回は「節」を学んでいますが、これからも「意味のまとまり」の勉強をするとき、あえてそのまとまりの部分を 例題 のように□で囲んで封印（見えなくしてみる）と、「そのまとまりが何の働きをしているのか」がわかります。

はじめから名詞節や副詞節がどこかに存在しているのではありません。節の中身を封印したとき、主節の動詞の性質、つまり⑩と㊙を考えることによって、節がどんな働きをするのかがはじめてわかるのです。この感覚がとても大切です。

英語の ツボ㉜

■節の中身を封印したとき、主節の動詞の性質（他か自）から、はじめて節の働きがわかる♪

レッスン2 **副詞節を導く接続詞**

名詞節を導く接続詞はthatだけでしたが、副詞節を導く接続詞は、その意味によって、いろいろあります。いくつか覚えましょう。

◆副詞節を導く接続詞

接続詞が表す内容	導く副詞節	意味
「時」を表す	when節	「…が〜するとき」
	before節	「…が〜する前に」
	after節	「…が〜したあとで」
	while節	「…が〜している間」
	as soon as 節	「…が〜するとすぐに」
	until節	「…が〜するまで」
「条件」を表す	if節	「もし…が〜するなら」
「理由」を表す	because節	「…が〜するので」
「譲歩」を表す	though節	「…が〜するけれども」

確認しよう

※（　）でくくってある部分が副詞節です。

・I lived in Okinawa (when I was a child).

　　「私は子どもの頃、沖縄に住んでいました」

　▶副詞節が文末にくるときは、ふつう副詞節の前にカンマを入れない

・(If you are free), will you help me?

　　「もし暇なら手伝ってくれませんか」

　▶副詞節が文頭にくるときは、ふつう副詞節の終わりをカンマで区切る

· (Because it rained hard yesterday), I stayed home all day.
「昨日は激しく雨が降ったので、私は1日中家にいました」

· He is happy (though he is poor). 「彼は貧しいけれど幸せです」

　副詞節は、文頭にきたり文末にきたりします。また、日本語に引きずられて、〈接続詞＋主語＋動詞…〉のまとまりを作ることが難しい場合があります。副詞節を含む文では、まずは正しく〈接続詞＋主語＋動詞…〉のまとまりを確認することが大事なポイントです。

▌練習問題 ❶

次の日本語に合うように、2つの英文を [　　] 内の接続詞を用いて1つにするとき、下線部に適当な語句を書きなさい。

(1) うれしいとき、彼はいつも微笑みます。
　　He is happy. He always smiles. [when]
　　When ＿＿＿＿＿＿＿＿＿＿＿＿＿＿＿＿＿.

(2) 熱があったので、学校に行きませんでした。
　　I had a fever. I didn't go to school. [because]
　　＿＿＿＿＿＿＿＿＿＿＿＿＿ because ＿＿＿＿＿＿＿＿＿.

(3) 宿題をしたあとで、テレビを見ました。
　　I watched TV. I did my homework. [after]
　　＿＿＿＿＿＿＿＿ after ＿＿＿＿＿＿＿＿＿＿.

▌解 答

(1) he is happy, he always smiles
(2) I didn't go to school, I had a fever
(3) I watched TV, I did my homework

▐語句　(1) happy「うれしい」／ smile「微笑む」　(2) fever「熱」

▌解 説

　問題文の日本語で主節と副詞節がどの部分かわかりますか？　主節は骨組みにあたる部分、日本語では述語の部分です。従属節には動詞の働きはないので、述語は必ず主節にあります。ですから、それ以外の部分が副詞節にあたるところになります。

　日本語や英語の副詞節にあたるところに（　　）などのカッコを入れる

とわかりやすくなります。節や「意味のまとまり」に印をつけていくと、英文の構造がつかみやすくなります。p.100の 例題 でやった「封印する」ことと同じことです。

英語の ツボ㉝
■英文の構造がわかりやすいように、「意味のまとまり」に印を入れていこう♪（副詞節なら（　　　）、名詞節なら［　　　］のように♪）

日本語に（　　　）や［　　　］を入れられたら、そこを〈接続詞＋主語＋動詞…〉にすればよいということです。

(1)日本語の副詞節をカッコでくくると、「(うれしいとき)、彼はいつも微笑みます」となります。「うれしいとき」が副詞節です。「…が〜するとき」は接続詞whenを使います。(When he is happy), he always smiles.という文を作ります。副詞節が文頭にくるときは、副詞節の最後に「,（カンマ）」を入れます。

(2)日本語の副詞節をカッコでくくると、「(熱があったので)、学校に行きませんでした」となります。「…が〜するので」は理由を導く接続詞becauseを用いて（because＋主語＋動詞…）で表します。副詞節を文頭にしてBecause I had a fever, I didn't go to school.とすることも可能ですが、becauseが文中に与えられているので、I didn't go to school (because I had a fever).という文にします。

(3)日本語の副詞節をカッコでくくると、「(宿題をしたあとで)、テレビを見ました」となります。「…が〜したあとで」は接続詞afterを用いて（after＋主語＋動詞…）で表します。副詞節を文頭に置いてAfter I did my homework, I watched TV.とすることも可能ですが、afterが文中に与えられているので、I watched TV (after I did my homework).という文を作ります。

今度は、主節と従属節を混ぜた並べ替え問題です。

▶ 練習問題 ❷ ◀

次の日本語に合うように、(　　)内の語句を並べ替えなさい。

(1) 彼が来る前に部屋をそうじしました。

　　I cleaned (he / before / the rooms / came).

(2) 父が帰ってきたとき、私は本を読んでいました。

　　(I / my father / was reading / got home / when / ,) a book.

(3) 忙しいので、あなたのお手伝いができません。

　　I (you / am / can't / I / busy / help / because).

▶ 解 答 ◀

(1) the rooms before he came

(2) When my father got home, I was reading

(3) can't help you because I am busy

▶ 解 説 ◀

　日本語の述語を見つけて、英語の主節から考えましょう。

　1年生では「動詞（述語）の前に主語がある♪」という感覚が大事と言いましたが、それをバージョンアップさせます。

英語の ツボ㉞

■**主語より先に、まず動詞（述語）を見つける♪**

　これはとても大事な感覚です。主語から見つけようとする人は、日本語でも英語でも、文全体を視野に入れることが難しくなりがちです。

　(1)述語は「そうじしました」→I cleaned the roomsが主節、(彼が来る前に) が副詞節です。この部分を (before＋主語＋動詞…) で表します。**I cleaned the rooms (before he came).** となります。

　(2)述語は「読んでいました」→I was reading a bookが主節、(父が帰ってきたとき) が副詞節です。この部分を (when＋主語＋動詞…) にします。**(When my father got home,) I was reading a book.**「父が」を見て、「主語だ！」と思い、My fatherから書いた人はいませんか？日本語も英語も同じです。述語（動詞）から見つけてください。

(3)述語は「お手伝いができません」→I can't help youが主節です。I が文頭に与えられているということは、主節から始まっている文だということです。I can't help you から書くのかな、I am busyから書くのかな、と迷う人は、〈接続詞＋主語＋動詞…〉の意味のかたまりの意識が薄い人です。もう一度 第7節 を復習し、第8節 の前半の解説を読み、例文を確認してください。**I can't help you（because I am busy）**.となります。

　カンマがあるかどうかで副詞節が前か後ろかを判断している人はいませんか？　これもよくないやり方です。カンマの有無は、絶対的なものではありませんからね。

　副詞節で大事なことと、典型的な書き換えは次節で学習するので、今回は節をしっかり作る、しっかり見つけることを目標にしましょう。

▌練習問題 ❸

次の文を英語になおしなさい。
(1) 私が彼女に電話をしたとき、彼女は夕食を作っていました。
(2) この CD を聞く前に、私は英語を勉強しました。
(3) A：どうして遅刻したの？
　　B：遅く起きたからです。

▌解 答

(1) When I called her, she was making dinner. [She was making dinner when I called her.]
(2) I studied English before I listened to this CD. [Before I listened to this CD, I studied English.]
(3) Why were you late?--- I was late because I got up late. [Because I got up late.]

▌解 説

　(1)「彼女は夕食を作っていました」が主節、（私が彼女に電話をしたとき）が副詞節です。この問題のポイントは、2つの節の時制です。**あっという間に終わることは過去形、時間がかかることは過去進行形**でした ➡第3節 。ですから、電話をかけるほうが過去形、夕食を作るほうが過去進行形です。これは接続詞whenを用いた典型的な英文で、時の1点を決めるwhen節の中が過去、主節が過去進行形です。もちろんwhen節の中

の時制が過去形のものもありますので、すべての文がそうだとは思わないでくださいね。(When I called her), she was making dinner.となります。

(2)「私は英語を勉強しました」が主節、(このCDを聞く前に)が副詞節です。この問題のポイントは副詞節の中の時制と、副詞節の主語を補えたかどうかです。副詞節にあたる部分だけ日本語を読むと、「聞く」だから現在のように思えますが、**副詞節の時制を決めるのは主節の時制**です。「英語を勉強した」は過去です。この文は過去のある日の出来事のうち、「勉強する」のと「CDを聞く」のはどちらが先だったのかだけを述べているのです。この文に「昨日」を加えてみたら、どちらも昨日やったことだとわかります。それから、listenedの主語のIを補えましたか？　日本語は言わなくてもわかるところはどんどん省略します。ですが、英語は必ず〈接続詞＋主語＋動詞…〉で、主語を省略することはできません！ I studied English (before I listened to this CD).となります。

(3)becauseを学ぶと、ようやくwhyに答えられるようになります。問いの文Why were you late?のlateはbe動詞のあとにあるので形容詞です。答えの文 I was late because I got up late.のgot upに続くlateは一般動詞のあとですから、副詞です。
　解答の英文は、問いの文と答えの文が対応している正しい答え方ですが、whyに対する答えの文は主節を省いてbecause節のみ、Because I got up late.と答えるほうが一般的です。

チャレンジ問題

次の英文を日本語になおしなさい。

(1) I hear that your father liked math when he was young.
(2) He speaks English very well because he lived in England when he was a child.
(3) If you have time, will you go shopping before you take a walk?

解答

(1) あなたのお父さんは若い頃、数学が好きだったそうですね。
(2) 彼は子どもの頃イングランドに住んでいたので、とても上手に英語を

話します。

(3) もし時間があるなら、散歩に行く前に買い物に行ってもらえませんか。

（語句）(1) young「若い」　(2) England「イングランド」

解 説

　「接続詞の数＋1＝〈主語＋動詞…〉の組の数♪〈主語＋動詞…〉の組の数－1＝接続詞の数♪→ 第7節 英語の ツボ㉗」の話を 第7節 でしたので、接続詞を2つ含む文を出題しました。〈主語＋動詞…〉の組が3つあることを確認し、それぞれの節が何の働きをしているのか、副詞節ならどの動詞を修飾しているのか考えながら解きましょう。

　(1)when he was youngが副詞節でlikedを修飾して、that your father liked ～ youngまでがhearの目的語になっています。

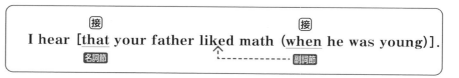

　(2)when he was a childが副詞節でlivedを修飾して、because he lived ～ a childまでがspeaksを修飾する副詞節です。

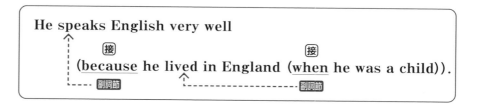

　(3)if you have timeが副詞節でgoを、before you take a walkも副詞節でgoを修飾しています。訳すときは、if you have timeがwill you go shopping before you take a walk? 全体にかかるようにすると自然ですね。

接

(If you have time),
接
副詞節   will you go shopping (before you take a walk)?
                                                                    副詞節

イントロダクション

- ☑ 時・条件の副詞節の中の時制に注意して文を作る ▶ 1
- ☑ 〈前置詞＋名詞〉を副詞節を含む文に書き換える ▶ 2
- ☑ 等位接続詞を含む文を従属接続詞に導かれる副詞節を含む文に書き換える ▶ 3
- ☑ 〈命令文 , and ＋文 .〉と〈命令文 , or ＋文 .〉の文を作る ▶ 3

今回は、第8節 の副詞節の続きです。

レッスン 1　時・条件の副詞節の中の時制

第8節 までで「節」はしっかり作れるようになり、名詞節と副詞節も区別できるようになっていると思うので、副詞節の大事な注意事項について、先に話しておきます。

英語の ツボ㉟
■時・条件の副詞節の中は、未来のことを現在形で書く♪

理由はあとで説明するので、前節 p.100 のクイズ形式の 例題 でやったことを思い出して、次の 例題 を解いてください。文例も前節と同じにしています。

例題

次の英文の（　　）内から適当なものを選びなさい。
(1) I'll go to the park if it (will be, is) sunny tomorrow.
(2) I think that it (will be, is) sunny tomorrow.

解 答

(1) is
(2) will be

語句　(1) sunny「晴れている」／ tomorrow「明日」

解説

(1)tomorrowがあるからといって、何も考えずにwill beを選んではいけません。**第8節**でやったように、まず〈接続詞＋主語＋動詞…〉を封印（見えなく）します。ifからtomorrowまでを封印しましょう。次に、主節の動詞の性質（他か自）から、封印された〈接続詞＋主語＋動詞…〉の部分が名詞なのか副詞なのかを考えます。主節の動詞goは自なので、if節は副詞節になります。ですから、「時・条件の副詞節の中は、未来のことを現在形で書く♪ ➡ **英語の ツボ㉟**」に従い、**is**が正解です。

(2)はthatからtomorrowまでの〈接続詞＋主語＋動詞…〉を封印します。主節の動詞thinkが他なのでthat節は名詞節。名詞節の中は何もルールがなかったから、未来のことは未来のままでOKです。**will be**が正解です。

確認しよう

・I'll go to the park if it is sunny tomorrow.

「明日晴れたら公園に行きます」

・I think that it will be sunny tomorrow.

「明日は晴れると思います」

では、なぜそのようになるのかを説明しますね。

前回の話で、主節の動詞の性質で「名詞節」と「副詞節」を区別することを説明されていますが、今までの文例だと、**that**が導くのが名詞節で、それ以外の接続詞は副詞節みたいですよね？ 接続詞の種類で、導く節を覚えてはいけないのですか？

残念ながら、そう簡単にはいきません。接続詞の種類で区別できるのは今だけで、のちのち通用しなくなってきます。いずれは副詞節のthat節、名詞節のif節、when節が登場しますからね。もっと言うと、that節やwhen節は形容詞節にもなります。その覚え方をしていると、あとから修正がきかなくなって学習につまずいてしまいますよ。

そうなのですね…聞いてよかったです！

　今は「節」しかちゃんと説明できていませんが、「意味のまとまり」とはやっかいなものなのです。同じ形で名詞になったり副詞になったり形容詞になったり…、一人で3役までこなしてしまうのです。

　3役とは、名詞・副詞・形容詞です。英語には「英文になくてはならないもの」である名詞・動詞と「修飾語（飾り）」である副詞・形容詞の4つがありますが、ここから動詞を省いた3つのことを指しています。

　単語レベルなら、一般的には品詞が変われば語形が変わります。たとえば 第2節 では、多くの副詞は形容詞の語尾に -ly をつけたものだと話しましたね。でも、「節」やその他の「意味のまとまり」となった語句は、同じような形をしていて、どの役割なのか簡単には見分けられません。それを見分けていくことが、2年生からの勉強の大きなテーマになるのです。見分けるコツが 他 と 自 の考え方なのですよ！　今はまだ名詞と副詞の区別だから楽ですが、少しずつ難しくなってきますからね。

英語の ツボ36
■「節」やその他の「意味のまとまり」は、同じ形で一人3役
　（名詞・副詞・形容詞）をこなす♪

　長くなってしまいましたが、話をもとに戻しましょう。
　なぜ副詞節の中は未来のことを現在形で表すのか、なぜ名詞節の中はそのまま未来の表現を使うのかを説明します。

▶副詞節の考え方

I'll go to the park if it is sunny tomorrow.

「明日晴れたら公園に行きます」

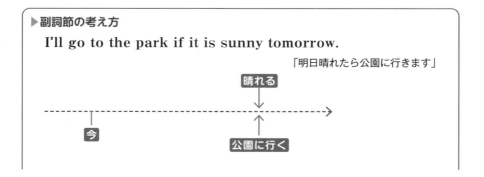

▶名詞節の考え方

I think that it will be sunny tomorrow.

「明日は晴れると思います」

it was sunny　　it is sunny　　it will be sunny

今

I think

　副詞節の文「明日晴れたら公園に行く」を例にとって考えてみます。1つ目の考え方は、公園に行くのも晴れるのも結局明日のことで、その他の可能性はありません。ですから、わざわざ未来の表現を使わなくても誤解がない、という考え方です。もう1つは、「明日晴れたら公園に行く」というのは、「明日晴れることが現実になること」を前提にしているので、現在形で表してもいいんじゃないか、という考え方です。

　名詞節の文「明日は晴れると思う」の場合は、今考えていることは、未来のことも現在のことも過去のこともあるはずなので、それぞれちゃんと区別しておかないと相手に伝わらないよね、ということです。 第7節 で、「名詞節の中は現在・過去・未来をちゃんと区別してね」と話したのを覚えていますか？

　英作文でもう一度確認しておきましょう。

練習問題
次の日本語を英語になおしなさい。
(1) 明日は雨が降るそうです。
(2) 明日雨が降ったら、私は家にいるつもりです。
(3) 空港に着いたらすぐに私に電話をください。[as soon as を用いて]

解 答
(1) I hear (that) it will rain[be rainy] tomorrow.
(2) I'll stay home if it rains[is rainy] tomorrow.
(3) Please call me as soon as you get to the airport.

語句　(2) stay home「家にいる」　(3) as soon as「～（すると）すぐに」／get to ～「～に着く」／airport「空港」

解　説

(1)「雨が降る」の表現は、動詞のrainを用います。形容詞のrainyを使って表す場合は、be動詞が必要です。「～だそうです」は〈I hear that＋主語＋動詞…〉の表現を使います。hearの目的語を名詞節で表現しているので、未来のことは未来形で表します。

(2)「私は家にいるつもりです」が主節です。主節の動詞stayは圓なので、あとに副詞節が続きます。「家にいる」はstay homeを用います。homeは「家に」という副詞ですから前置詞は不要です。動詞rainの主語はitという三人称単数で、現在の文なので-sをつけるのを忘れずに。

(3)「私に電話をください」が主節です。「～に電話する」のcallは囮なので、Please call meのあとに「空港に着いたらすぐに」という副詞節が続き、節の中は未来のことを表しているので、現在形を使います。「～するとすぐに」は〈as soon as＋主語＋動詞…〉で表します。pleaseをつけて相手に依頼している命令文の形で主語が省略されていますが、「到着する」の主語はyouです。

相手がこれから飛行機でどこからかやってくるという状況なので、「空港に着く」のも「電話をする」のも、未来のことです（そもそも命令は、これからする行為についてしかできませんからね）。

したがって、「空港に着いたらすぐに」は時を表す副詞節で未来のことを表しているので、現在形で書きますよ！

レッスン**2**　〈前置詞＋名詞〉と副詞節の関係

副詞節は大きくなった副詞、つまり2語以上に長くなっただけと考えてください。〈前置詞＋名詞〉も副詞の働きをするので、<u>〈前置詞＋名詞〉は副詞節で書き換えられる場合があります</u>。

確認しよう

①She was making dinner (then).

　　　　　　　　　　　　副

　　　　　　　　「そのとき彼女は夕食を作っているところでした」

②She was making dinner (at that time).

　　　　　　　　　　　　前＋名

　　　　　　　　「そのとき彼女は夕食を作っているところでした」

③She was making dinner (when I called her).

　　　　　　　　　　　　接＋主語＋動詞…

　　　　　　「私が彼女に電話をしたとき、彼女は夕食を作っているところでした」

then「そのとき」という副詞がat that timeの〈前置詞＋名詞〉で置き換えられる話はしました。これを③の文例のように〈接続詞＋主語＋動詞…〉を使うと、具体的にどんなときかを述べることができます。

練習問題

次の各組の英文がほぼ同じ内容になるように、（　　　）内に適当な語を書きなさい。

(1) I visited my aunt. She was sleeping then.

　（　　　　） I visited my aunt, she was sleeping.

(2) She washed her hands before lunch.

　She washed her hands （　　　）（　　　） ate lunch.

(3) During my stay in Kyoto, I visited Kinkakuji.

　（　　　　）（　　　　）（　　　　　　） staying in Kyoto, I visited Kinkakuji.

(1) When ／「私がおばを訪ねたとき、彼女は寝ているところでした」

(2) before she ／「彼女は昼食を食べる前に手を洗いました」

(3) While I was ／「私は京都に滞在している間に、金閣寺を訪れました」

語句 (1) sleep「眠る」

　(1) 2文目のthenを副詞節に書き換える問題です。I visited ...と「主語と動詞」がある文なのに、もう1つ「主語と動詞」she was sleepingがあるので、空所に接続詞が入ることがわかります。動詞の前には主語があり、〈主語＋動詞〉の前には接続詞が入るはずです。この感覚を大事にしましょう。

英語の ツボ㊲

■ **動詞の前には主語がある、〈主語＋動詞〉の前には接続詞がある♪**

　(2) 〈前置詞＋名詞〉のbefore lunchを節に書き換える問題です。空所のあとに動詞のateがありますから、「動詞の前には主語がある、〈主語＋動詞〉の前には接続詞がある♪➡ **英語の ツボ㊲**」を早速使います。before / afterは前置詞としても接続詞としても使える単語です。主語を補って **before she** が入ります。意味は「彼女は昼食を食べる前に手を洗いました」です。「昼食を食べる前に」だと、日本語では現在形のように聞こえますが、主節の動詞が過去形ですから、ある過去の日の出来事の前後関係を表しているだけです。「食べる」が過去形で表現されていることにも注意しましょう。

　(3) 1文目と2文目を比べると、1文目のduring my stay in Kyotoを書き換える問題だとわかります。stayの品詞は、前に所有格があるので、動詞ではなく名詞です。ですから、during「～の間に」は前置詞ですね。これに対応する接続詞がwhileです。2文目のstayingは、進行形にするための-ingですから、「動詞の前には主語がある、〈主語＋動詞〉の前には接続詞がある♪➡ **英語の ツボ㊲**」に従い、主語と進行形のためのbe動詞を補います。最初の空所にwhileを入れ、主語は主格なのでIにします。my

のままでは主語になりませんね。

 レッスン3 **等位接続詞と従属接続詞に導かれる副詞節の関係**

第7節の等位接続詞で紹介した例文と第8節の従属接続詞で紹介した例文の中で、同じ日本語訳でちがう英文例があったことに気づきましたか？

 はい！ 2つあったことに気づきました！

- 《It rained hard yesterday, so I stayed home all day. 》
- (Because it rained hard yesterday), I stayed home all day.

　　　　　　どちらも「昨日は激しく雨が降ったので、私は1日中家にいました」

- He is 《poor but happy》.
- He is happy (though he is poor).

　　　　　　どちらも「彼は貧しいけれど幸せです」

気づいてくれていて、うれしいです。so は【結果】を表し、because は【原因・理由】を表すので、同じ意味の文が作れるのです。

It rained hard yesterday, so I stayed home all day.
　　　　　原因　　　　　　　　, so　　　　結果
--→
▶ 必ず〈原因, so 結果〉の順

Because it rained hard yesterday, I stayed home all day.
　　　　　Because 原因　　　　　　　　　　　　結果
▶ because のあとに原因を書けば、その節は文頭にも文末にも置ける

but と though も【譲歩・逆接】を表すので書き換えることができます。気をつけなければならないのは、等位と従属は接続詞の働きがちがうことです。同等のものをつなぐ等位と、「意味のまとまり」を作る従属ですから、

接続詞の前後に置く語句をまちがえないようにしてください。

「彼は貧しいけれど幸せです」の文を見ると、**but**は形容詞poorと形容詞happyをつないでいますが、**though**は従属接続詞なので、後ろに〈主語＋動詞〉が必要です。等位は左右が対等であればよいので、文と文でなくてもつなぐことができるのです。

別な言い方をすると、共通部分はくり返さなくてもよいということです。たとえば、He is poor but he is happy.でも正しい文ですが、he isが共通だから、省略してもいい、というのが等位接続詞の考え方です。

１年生で選択疑問文を作ったときのことを思い出しましょう。

Is this a pen?　Is this a pencil? これをorでつなぐとき、共通部分は１回書けばよかったですね。Is this a pen or is this a pencil? ではなくて、Is this a pen or a pencil? だったのと同じです。

＊等位接続詞のsoは文と文しかつなぐことができませんので注意してください。

英語の ツボ㊳
■等位接続詞は共通部分を省略できる♪
■従属接続詞は必ず〈接続詞＋主語＋動詞…〉♪

練習問題 ❶

次の日本語に合うように、（　　）内の語を並べかえなさい。

(1) 彼は親切なので、みんな彼のことが大好きです。
　　① (he / him / everyone / kind / likes / is / so / ,) very much.
　　② (he / him / everyone / kind / likes / is / because / ,) very much.

(2) 彼は新しいかばんを買ったのに使いませんでした。
　　(a new bag / it / he / bought / didn't / but / though / use).
　　[1 語不要]

解答

(1) ① He is kind, so everyone likes him
　　② Because he is kind, everyone likes him
(2) He bought a new bag but didn't use it

語句 (1) kind「親切な」／ everyone「みんな」 (2) new「新しい」

118

解　説

　(1)①は等位接続詞soがあるので〈原因（主語＋動詞），so＋結果（主語＋動詞）〉の語順にします。②は従属接続詞becauseがあるので〈Because＋原因（主語＋動詞），結果（主語＋動詞）〉の語順にします。

> **He is kind, so everyone likes him very much.**
>
> 原因 , so ＋ 結果 　▶必ずこの順番
> ------------------------------------>
>
> **Because he is kind, everyone likes him very much.**
>
> Because ＋ 原因 ， 結果 　▶becauseのあとに原因を
> 書くことを守れば、その節
> は文頭にも文末にも置ける

　(2)butとthoughのどちらを使うかを考える問題です。ヒントは「等位接続詞は共通部分を省略できる♪　従属接続詞は必ず〈接続詞＋主語＋動詞…〉♪➡ **英語の ツボ㊳**」です。動詞はboughtとdidn't useがありますが、主語はheの1つしかありません。つまり従属接続詞は使えないということになります。等位接続詞butを使って表します。

◆〈命令文 , and ＋文 .〉と〈命令文 , or ＋文 .〉

　もう1つ命令文と接続詞の関係も覚えてください。

確認しよう

・〈命令文 , and ＋文 .〉　「〜しなさい。そうすれば…」

例　**Hurry up, and you'll be in time for school.**

　　　　　　　　「急ぎなさい、そうすれば学校に間に合いますよ」

＝If you hurry up, you'll be in time for school.

・〈命令文 , or ＋文 .〉　「〜しなさい。そうしなければ…」

例　**Hurry up, or you'll be late for school.**

　　　　　　　　「急ぎなさい、そうしないと学校に遅刻しますよ」

＝If you don't hurry up, you'll be late for school.

　and / orは等位接続詞ですから、〈命令文〉と〈文〉をつないでいます。andは「追加」を表すので、〈命令文〉の命令に従おうとも従わなくと

も〈文〉の内容は成立します。しかし、orは「選択」を表すので、〈命令文〉に逆らった場合にかぎり〈文〉の内容が成立します。

　上の例文はどちらも、ifを使った文に書き換えることができます。

■ 練習問題 ❷

次の各組の英文がほぼ同じ内容になるように、(　　　)内に適当な語を書きなさい。

(1) If you turn left at the corner, you'll see the zoo on your left.

　　Turn left at the corner, (　　　) you'll see the zoo on your left.

(2) Study hard, or you'll fail the exam.

　　(　　)(　　)(　　) study hard, you'll fail the exam.

■ 解 答

(1) and ／「角を左に曲がりなさい、そうすれば左手に動物園が見えます」

(2) If you don't ／「一生懸命勉強しないと、試験に失敗しますよ」

> **語句** (1) turn「曲がる」／ left「左(に)」／ corner「角」／ zoo「動物園」 (2) fail「〜に失敗する」／ exam「試験」

■ 解 説

　(1) 1文目は「角を左に曲がると、左手に動物園が見えます」という意味です。「角を左に曲がること」と「左手に動物園が見えること」がどちらも成立するので、命令文と文を **and** でつなぎます。

　(2) 1文目は〈命令文, or＋文.〉なので、命令文の内容を打ち消した文にして従属接続詞ifでつなぎます。命令文の主語youを忘れずに。

■■ イントロダクション ■■

☑ 主な数量形容詞を覚える ▶1
☑ 数えられない主な名詞を覚える ▶1
☑ 数えられない名詞の数え方を覚える ▶2

　今回は、 **第11節** のための予備知識として、数量形容詞について学んでいきましょう。

レッスン1　数量形容詞

　数量形容詞とはその名のとおり、C（数えられる名詞）の数やU（数えられない名詞）の量を表す形容詞です。

　数量の多いほうからゼロまでを表にしてみます。

◆主な数量形容詞

	Cを修飾（＋複数名詞）	Uを修飾（＋単数名詞）
たくさんの	many / a lot of	much / a lot of
いくらかの	some / any	some / any
少しの	a few	a little
ほとんどない	few	little
まったく～ない	not ～ any / no	not ～ any / no

　この表の補足説明を5つしますよ。

　① CとUは、名詞によってCのUのどちらになるかが必ずしも決まっているわけではなく、同じ単語でもその「意味」によってCになったりUになったりします。

　たとえば、roomは「部屋」の意味ではCですが、「場所；空間」の意味ではUです。workも「仕事」の意味ではUですが、「作品」の意味ではCです。このような話をすると、頭が混乱してしまうかもしれませんが、次のようなシンプルなルールで覚えることができます。

英語の ツボ㊴
■ⓒで用いる数量形容詞のあとは複数名詞♪
■Ⓤで用いる数量形容詞のあとは単数名詞♪

言い方を変えると、以下のようになります。

英語の ツボ㊵
■数量形容詞のあとの名詞が複数形→その名詞はⒸ
■数量形容詞のあとの名詞が単数形→その名詞はⓊ

確認しよう

・He did a lot of work and left a lot of works.

「彼はたくさんの仕事をし、たくさんの作品を残しました」

・This house has a lot of rooms, but this room has little room for clothes.

「この家にはたくさんの部屋がありますが、この部屋には服を入れるスペースがほとんどありません」

② ⒸとⓊの両方に使える数量形容詞と、片方しか使えない数量形容詞をしっかり区別しましょう。どちらにも使える数量形容詞は、後ろに続く名詞が単数か複数かをチェックすることで、その名詞がⒸかⓊか判断できることになります。①で説明した、workやroomの文例がそうですね。

③ fewとlittleに着目してください。aがあると肯定的な意味（a few / a little）、aがないと否定的な意味（few / little）です。この「否定的な意味」というのが難しいのです。日本語では否定するとき述語を否定します。しかし、英語ではいろいろな品詞の否定語があるのです。つまり、否定は「not以外でもできる」ということなのです。その１つが形容詞のfewやlittleです。先ほどのlittleの文例のbut以下をもう一度見てください。

・This room has little room for clothes.

直訳すると、「この部屋は服のためのほとんどないスペースを持っています」ですが、そのような日本語は使いませんよね。通常、日本語は述語

を否定するので、「この部屋は服を入れるスペースが<u>ほとんどありません</u>」という訳になります。

④「まったく～ない」の2つの表現の仕方です。1年生のとき、<u>否定文でany</u>を使うと「まったく～ない」という意味になると学びました。p.122の表では、「数量形容詞の<u>no</u>で置き換えられる」ことを示しています。notとnoは形が似ているので、「何がちがうの？」と思ってしまうかもしれません。「似ているけれどちょっとちがう」ときは、<u>品詞がちがう</u>と考えてください。

英語の ツボ㊶
■似ているけれどちょっとちがう→品詞がちがう♪

> ・I do <u>not</u> have <u>any uncles</u>.　I have <u>no</u> uncles.
> 　　　　　　　　　「私にはおじがひとりもいません」

<u>not</u>は動詞を打ち消すから<u>副詞</u>です。今回の数量形容詞で紹介した<u>no</u>は<u>形容詞</u>です。ですから、notとnoは意味が同じかもしれませんが、wellとgood同様に品詞がちがうわけです。noと品詞が同じなのはanyのほうですね。また、<u>noに限り、C̲の単数形を置く</u>ことが可能です。
　このことは次のように考えるといいですよ。

> ・I do not have a car.　I have no car.「私は車を持っていません」

車を一人で何台も所有する人は、そう多くはいません。だから、「車を持ってない」という否定文を書くときに、わざわざI don't have any cars.とはしないと思います。だから、noで書き換えるとき、noのあとは単数のままでいいですよね、という感じです。

⑤ ①で説明したように、C̲とU̲は単語によって決まっているのではなく、意味によって決まるのですが、U̲の主な語を覚えておきましょう。

◆数えられない主な名詞

> water「水」；coffee「コーヒー」；tea「お茶」；milk「牛乳」などの液体／
> money「お金」／ paper「紙」／ bread「パン」／ work「仕事」／
> homework「宿題」／ advice「忠告」／ information「情報」／
> news「知らせ」／ fun「楽しみ」／ furniture「家具」 など

例題

次の英文の（　　　）内から適当な語を選びなさい。
(1) We have (few, little) snow in this country.
(2) We have (few, little) snowy days in this country.

解答

(1) little ／「この国では雪はほとんど降りません」
(2) few ／「この国では雪の日がほとんどありません」

語句 (2) snowy「雪の」／ day「日」

解説

　(1)snow「雪」が単数なので、littleを選びます。意味は「この国ではほとんど雪が降りません」です。littleにaがついていないので否定的な意味です。We have little snowを直訳すると「私たちはほとんどない雪を持っている」になりますが、通常の日本語にすると「雪がほとんど降らない」ということですね。今まで天候表現は、受ける名詞が存在しないitを主語にして表現してきましたが、「人」を主語にし、haveを動詞にした表現も可能です。「人」といっても、IやTomのような特定の人はNGです。一般に「人」を表すwe / you / theyを主語にします。

we / you / they はもう勉強しましたか？

　まだ説明していなかったので、ここで紹介しますね。we / you / theyには、一般に「人」の意味があります。とはいえ、一人称、二人称、三人称の区別はありますから、自分に関わりがあるな、と思えばweを使えば

よいし、自分と関わりがないな、と思えばtheyを使えばよいのです。

(2)snowy days「雪の日」が複数なのでfewを選びます。意味は(1)とほぼ同じです。

▎練習問題 ❶◀

次の英文の(　　　)内から適当な語を選びなさい。また、(3)と(4)は、できた英文を日本語になおしなさい。

(1) How (many, much) pencils do you have?
(2) How (many, much) paper do you have?
(3) They have (few, little) rain in Los Angeles.
(4) They have (few, little) rainy days in Los Angeles.

▎解　答◀

(1) many ／「あなたは鉛筆をいくつ持っていますか」
(2) much ／「あなたは紙をどれくらい持っていますか」
(3) little ／ロサンゼルスではほとんど雨が降りません。
(4) few ／ロサンゼルスでは雨の日がほとんどありません。

（語句）(3) Los Angeles「ロサンゼルス」 (4) rainy「雨の」

▎解　説◀

数量形容詞のあとの名詞が単数か複数かで、数量形容詞を使い分けます。

(1)pencilsが複数なので、manyを選びます。

(2)paperが単数なので、muchを選びます。

(3)rain「雨」が単数なので、littleを選びます。littleにaがついていないので、否定的な意味になります。

(4)rainy days「雨の日」が複数なので、fewです。意味は(3)とほぼ同じですね。

▎練習問題 ❷◀

次の各組の英文がほぼ同じ内容になるように、(　　　)内に適当な語を書きなさい。

(1) We have a lot of snow in Hokkaido.
　　It (　　　　)(　　　　)(　　　　)(　　　　) Hokkaido.
(2) He did not have any money with him.

126

He (　　　)(　　　　) money with him.

解 答

(1) snows a lot in ／「北海道では、たくさん雪が降ります」
(2) had no ／「彼はお金を持ち合わせていませんでした」

語句 (1) snow「雪」 (2) money「お金」

解 説

(1)天候表現の書き換えです。1文目はweを主語にした「北海道では、たくさんの雪が降ります」という文です。1年生で学んだItを主語にした表現に書き換えます。1文目のsnowは「雪」という名詞として使っていて、a lot of snowで「たくさんの雪」という意味になっています。

itを主語にした2文目はsnowを圓「雪が降る」という意味で用いますから、あとには副詞が続きます。「たくさん」という副詞はa lot です。「似ているけれどちょっとちがう→品詞がちがう♪ ➡ **英語の ツボ㊶**」のとおり、a lot ofは形容詞、a lotは副詞です。a lot of とa lot はgoodとwell、notとnotの関係と同じです。It snows a lot in Hokkaido. が正解です。

(2)not ～ any「まったく～ない」は、本来あるはずなのにたまたま数量がない、ということを表します。not ～ anyはnoで書き換えができます。この問題は、did＋have＝**had**、not＋any＝**no** という2つを足し算する問題です。文末のwith himがあると、「持ち合わせのお金がなかった」という意味です。with himがないと、彼はお金をまったく持っていない人になってしまいます。

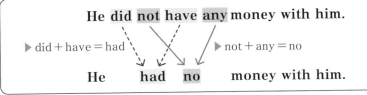

127

> paperが U なのはおどろきでした。ですが、紙が数えられないと困りませんか？　たとえば「紙が5枚ほしい」と言いたいとき、どうすればいいのですか？

　そのような疑問がわいてきますよね。数え方はあります。液体ならそれを入れる容器を数えていきます。「紙」や「パン」など、比較的多くのものに使えるのが、pieceです。pieceには「かけら」という意味があり、かけらを数えているイメージです。複数の場合はcupやglassなどの容器やpieceを複数形にします。

◆数えられない名詞の数え方

> a **cup** of coffee「コーヒー1杯」／ a **glass** of water「水1杯」
> a **piece** of paper「紙1枚」／ two **pieces** of bread「パン2枚」

確認しよう

　例　I want five pieces of paper.「紙が5枚ほしいです」

＊ glassとcupの使い分けが難しいとよく質問されますが、glassはもともと「ガラス」の意味で、冷たい液体を飲むときに用いる容器です。一方、cupは温かい液体を飲むときに用いるもので取っ手がある容器です。あまり深く考えるときりがないので、これくらいの理解でOKですよ！

練習問題

次の日本語を英語になおしなさい。
(1) 牛乳を1杯いかがですか？ [have を用いて]
(2) あなたは今朝、コーヒーを何杯飲みましたか。[have を用いて]
(3) ほとんどの生徒がこの問題に答えることができませんでした。[able を用いて]

解答

(1) Will you have a glass of milk?

(2) How many cups of coffee did you have this morning?

(3) Few students were able to answer this question.

語句 (1) milk「牛乳」 (2) coffee「コーヒー」

解説

(1) 牛乳1杯は a glass of milk を使います。 **第5節** で学んだ勧誘の **Will you ～ ?** 覚えていますか？　人に物をすすめる表現でしたね。

(2)「コーヒーを何杯」と具体的に聞いているので、コーヒーを入れる容器の cup を数えて、How **many cups** of coffee ～ ?という文にします。

もし漠然と、「今朝はどれだけコーヒーを飲んだの？」なら、coffee が U なので、How **much coffee** did you have this morning? でよいのです。

数をたずねる how many のあとは必ず複数名詞だった理由を説明しておきます。そもそも many は C 名詞にしか使えず、many のあとは複数名詞と決まっています。逆に〈how much＋単数名詞〉なら、U の量をたずねることができるわけです。

(3)「ほとんどの生徒」だけを見て、どのような英語にしたらよいかわからなくなった人はいませんか？　「ほとんど～ない」の表現を使って表せばよいのです。student は C ですから、数量形容詞は few「ほとんど～ない」を選び、複数形にします。これが主語になります。

よくある誤答が ×Few students weren't able to answer this question. です。a のつかない few を使うだけで否定の意味があるので、動詞を否定する必要はありません。日本語は必ず述語を否定するので、英語でも助動詞に not をつけて否定文を作りたくなりますが、もうすでに否定語が使われていることを忘れないでください。

■■ イントロダクション ■■

- ☑ 2種類の存在の表し方のちがいを知る ▮1
- ☑ There is 〜 . の文を作る ▮1
- ☑ There is 〜 . の過去の文・未来の文を作る ▮2
- ☑ There is 〜 . の否定文・疑問文を作る ▮2

今回は、存在を表す There is 〜 . の文を学びます。

レッスン1　2種類の存在の表し方

存在の表し方は、「 存在 の意味のbe動詞の英文の公式： 第2公式 」として 第1節 で学びました。今回は、これとは別のもう1つの存在の表し方を学びます。

▶ 存在 の意味の be 動詞の英文の公式： 第2公式

名詞	動詞	副詞 / 前置詞 + 名詞
主語	**動詞**	**(修飾語)**
「〜は」	「いる；ある」	「……」
	存在	

なぜ他の表現の仕方が必要なのですか？

今回のポイントは、まさにそこです！　存在を表すのに、なぜ表現の仕方を区別しなければならないか、ということです。まず、2種類の表現を見てください。

- There is **a pen** on the desk.　「机の上にペンがあります」
- **The pen** is on the desk.　「そのペンは机の上にあります」

どちらも存在しているものは「ペン」で、存在している場所は「机の

上」です。2つの文を比べて、何かちがいが見つかりますか？

> 上の文には there があって、下の文には there がありません。there は「そこに」という意味の副詞ではありませんでしたか？

　there があるかどうかは大きなちがいですね。ただ、この there には「そこに」という意味はありません。あとで詳しく説明しますが、ただの「予告」、もしくは「心の準備」に使われているものです。
　上の文の主語は a pen です。なぜなら、名詞しか主語になれないからです。主語の a pen が三人称単数だから、動詞が is なのです。もしも、机の上にペンが2本あったら、つまり主語が two pens なら、There are two pens on the desk. になります。**There is ～ . の文は、主語が動詞のあとにくる特別な文**です。

> 主語が動詞のあとにある文は初めてですね！　主語を見比べると、pen に a がついているか、the がついているかがちがいますね。

　はい、そこが重要なポイントです。1年生のときに学習した、a と the のちがいを思い出しましょう。a は「どれでもよい」という目印（ですから「不定冠詞」といいました）、the は「文脈や状況から何を指しているかわかる」という目印（なので「定冠詞」といいました）でしたね。
　この2種類の文のちがいは、ズバリ、存在しているものが**不特定な物**なのか、**特定な物**なのかのちがいです。
　ところで、**不特定**である証拠は、**不定冠詞**以外に、どんなものがありますか？　逆に**特定**である証拠は、**定冠詞**以外に何がありますか？

> どういうことですか？

先ほどペンが2本あるときも There is 〜 . の文を使いましたよね？
two pens というのは、ペンが2本さえあればよいので、どんな2本の組み合わせでもよいことになります。ですから、こういった数字や、 第10節 で扱った数量形容詞のついている名詞はすべて不特定になります。

そういうことですね！　それで前の節で数量形容詞を勉強したのですね。

そのとおりです。では次に、特定名詞につけるものについて紹介しましょう。**所有格**や **this / that** がついている名詞は特定名詞になります。一度話題に出たものを代名詞で受けるわけですから、he / she / it / they などの代名詞も特定名詞です。

▶ **There is 〜 . の文→主語が不特定名詞**

　・**There is a pen on the desk.**

　　　不特定名詞 ▶不特定名詞の前には不定冠詞・数字・
　　　　　　　　　　数量形容詞などがつく

▶ **存在の意味の be 動詞の文→主語が特定名詞**

　・**The pen is on the desk.**

　　　特定名詞 ▶特定名詞の前には定冠詞・所有格などがつく

上の2つの文で、主語が特定か不特定か、それぞれちがうことはわかりましたが、なぜそれによって、表現を変えなければならないのですか？

そこです！　少しずつ核心に近づいていきますよ。不特定ということは、言い方を変えれば、「**相手がまだ知らない**」ということです。初めて話題にするから、不特定なのです。

一方、特定というのは、すでに話題に上がっているか、状況から判断して「**相手がすでに知っている**」ということです。相手がまだ知らない情報を新情報、相手がすでに知っている情報を旧情報とよぶことにしますね。そうすると、なぜ主語が新情報か旧情報かで、存在の表し方を変えなけれ

ばならないのか、ということになります。

　さあ、ここで、情報を伝えるときの大原則を言います。

英語の ツボ㊷

■旧情報（相手が知っていること）から新情報（相手が知らないこと）へ♪

　まったく知らない新しいことについて話をどんどん進められるのと、知っていることを復習してから新しいことを話してもらうのとでは、どちらがわかりやすいですか？　勉強にたとえると、復習もせずにいきなり予習から始まるのと、ちゃんと知識を復習してから予習するのでは、どちらがわかりやすいですか？

今まで学んだことがちゃんとわかってないのに、新しいことを学んでも頭が混乱してしまうので、復習→予習の順です。

　そうですね。先ほどの The pen is on the desk. （存在の意味のbe動詞の文）を見てください。これは1年生で学んだ「存在」の表し方です。これは主語が旧情報なので、今までどおり主語から述べても、相手はびっくりしません。主語が旧情報なら、場所が新情報です。だから、情報を伝える大原則、「旧情報→新情報」を守っている文です。

　一方、There is a pen on the desk. （There is 〜 .の文）は、通常文頭に書かなくてはならない主語が新情報なので、最初に言うと相手がびっくりします。主語が新情報、場所が旧情報になるので、「新情報→旧情報」の語順になってしまいます。「これはまずい！」ということで、文頭に意味を持たないthereを置いて、「新情報を予告する」「気持ちの準備をしてもらう」ことにしたのです。

◆新情報と旧情報の文中の順番

> ・There is **a pen** on the desk.
> 　　　　　新情報　→　旧情報
>
> ・**The pen** is on the desk.
> 　旧情報　　　→　　　新情報

　この2種類の文は、存在している物と場所が同じように見えますが、「物」と「場所」の新情報と旧情報が逆だったのです。

　さて、旧情報と新情報で、これから自分が知りたい情報はどちらですか？

 それはもちろん新情報ですよ！

　そうですよね。新しいことを勉強したいですよね。実はこの2種類の文は、それぞれ新情報をたずねる次の問いに対する答えの文なのです。

> ▶「旧情報 机の上にある」のは「新情報 何 (a pen)」を知りたい場合
> 　疑問文　　**What is on the desk?**　　　　　「机の上に何がありますか」
> 　答えの文　There is **a pen** on the desk.　「机の上にペンがあります」
>
> ▶「旧情報 そのペン」は「新情報 どこ (on the desk)」を知りたい場合
> 　疑問文　　**Where is the pen?**　　　　　「そのペンはどこにありますか」
> 　答えの文　It (=The pen) is **on the desk.**「それは机の上にあります」

　以上の理由で、存在のbe動詞は、必ず疑問副詞のwhereと一緒に勉強することになっているのです。わかりましたか？

　日本語に訳すときも、旧情報から訳すようにしてくださいね。新情報の主語は「が」、旧情報の主語は「は」を用いると自然な日本語になります。

練習問題

次の日本語を英語になおしなさい。

(1) 私の家は公園のそばにあります。

(2) 私の家のそばに公園があります。

解答

(1) My house is by the park.

(2) There is a park by my house.

語句 (1) by「〜のそばに」

解説

　存在している物が「特定」か「不特定」かを考え、there を使うのか使わないのかを考えましょう。

　(1)存在している物は「私の家」(旧情報)です。**所有格がついているので特定名詞**です。ですから、そのまま my house を主語にします。日本語は何も書いてありませんが、この場合の park には the をつけましょう。どんな公園でもよいから、そのそばに自分の家がある、というのはおかしいですよね。ある決まった公園のそばに自分の家があるはずです。

　(2)存在している物は「公園」(新情報)です。特定できる所有格などがないので、**不特定名詞**だと判断できます。there を用いた文で存在を表します。不特定名詞ということは a park と不定冠詞 a をつけるということです。

レッスン**2** There is 〜 . の文

　There is 〜 . の文の本質がわかったと思いますので、次に There is 〜 . の文そのものを詳しく見ていきましょう。主語や時制に合わせて、are / is / was / were / will be を使い分けるのは、今まで学習したとおりです。

▶ **There is 〜 . の文**

There is構文は〈There＋be動詞＋主語＋場所.〉で表す。
be動詞は主語や時制に合わせて、are / is / was / were / will be
を使い分ける。

過去の文例　There were two oranges on the table last night.
「昨夜、テーブルの上にオレンジが2個ありました」

未来の文例　There will be a lot of children in the park tomorrow.
「明日は公園にたくさんの子どもたちがいるでしょう」

否定文はbe動詞のあとにnot、疑問文はthereの前にbe動詞を移動し、
thereを用いて答えます。問いと答えだけ、thereを主語扱いすることに
なります。

▶ 〈There is 〜 . 〉の否定文

be動詞のあとにnotを置き、〈There＋be動詞＋not＋主語….〉
で表す。

・There aren't any books under the chair.
「いすの下には本が1冊もありません」

▶ 〈There is 〜 . 〉の疑問文と答えの文

be動詞をthereの前に移動し、〈be動詞＋there＋主語…?〉で表
す。答えの文はthere を使う。

Was there a coffee shop in front of the library last year?
「去年は図書館の前にコーヒーショップがありましたか」

---Yes, there was.　「はい、ありました」

---No, there wasn't.　「いいえ、ありませんでした」

▶ただし、「何があるの？」とたずねる疑問文は、thereを省略する

例　What was ~~there~~ in front of the library last year?

▶thereを省略する

練習問題 ❶

次の英文の（　　）内に、is か are を書きなさい。
⑴ There （　　） a lot of books on the bookshelf.

(2) There (　　　) some water in the glass.

(3) There (　　　) not any tigers in this zoo.

(4) There (　　　) no people near the river.

解答

(1) are ／「本棚の上にたくさんの本があります」

(2) is ／「コップの中に水が入っています」

(3) are ／「この動物園にトラは一頭もいません」

(4) are ／「川の近くに人は一人もいません」

語句 (1) bookshelf「本棚」 (3) tiger「トラ」 (4) near「〜の近くに」／ river「川」

解説

　There is 〜 . の文は、主語が動詞のあとにあるので、(　　　)のあとの名詞が単数か複数か、単語の語尾を見て動詞を決めます。この問題で使っている数量形容詞は、どれも、☐Cと☐Uどちらにも使えるものなので、要注意です。第10節で学んだことをいかしてください。

　(1)主語booksが複数なので**are**です。

　(2)主語waterが単数なので**is**です。

　(3)主語tigersが複数なので**are**です。

　(4)主語のpeopleは注意が必要です。語尾に-sはついていませんが、「人々」の意味で複数扱いです。**are**を選びます。

練習問題 ❷

次の英文を、[　　　]内の指示にしたがって書き換えなさい。

(1) There are five <u>eggs</u> in the refrigerator.［下線部を単数にして］

(2) There were some pictures on the wall.［否定文に］

(3) There will be a summer festival in this town next month.
　　［疑問文にして Yes で答える］

(4) There is <u>one</u> eraser in this pencil case.
　　［下線部が答えの中心になる疑問文に］

(5) There were <u>two cats</u> in front of my house.
　　［下線部が答えの中心になる疑問文に］

(1) There is an egg in the refrigerator. ／「冷蔵庫に卵が1つあります」

(2) There weren't[were not] any pictures on the wall. ／「壁に絵が1枚もありません」

(3) Will there be a summer festival in this town next month?---Yes, there will. ／「来月この町で夏祭りがありますか」「はい、あります」

(4) How many erasers are there in this pencil case? ／「この筆箱にいくつの消しゴムがありますか」

(5) What was in front of your house? ／「あなたの家の前に何がいましたか」

語句 (1) egg「卵」／ refrigerator「冷蔵庫」 (2) picture「絵」／ wall「壁」 (3) festival「祭り」／ town「町」 (4) eraser「消しゴム」

解 説

(1)主語eggsを単数にするので、fiveを不定冠詞に書き換えます。母音の前なので、aではなくanですね。主語が単数になったので、動詞areもisに変えます。

(2)be動詞のあとにnotを置きます。someをanyにすることを忘れずに。

(3)未来の文なので、助動詞はwillです。willだけがthereの前に出ます。will beをthereの前に出してしまった人は、第4節にもどってください。willでたずねたら、willで答えます。

(4)「下線部が答えの中心になる疑問詞を用いた疑問文の作り方」は1年生のときに何度も練習しました。

①Yes/Noで答えられる疑問文にする♪
②下線部を疑問詞に置き換え文頭に移動する（下線部の語句を上から線で消す）♪
③その他の指示にしたがう♪

Yes／Noで答えられる疑問文から書いてみましょう。Is there one eraser in this pencil case? のone「1本」という「数」がわからないので、疑問詞how manyに置き換えます。前の節でも確認したとおり、manyのあとは必ず複数名詞です。How many erasersとして文頭に出

します。主語がone eraserからhow many erasersと複数になったので、動詞もisからareに変えます。

　(5)(4)と同じように、まずは、Yes / Noで答えられる疑問文にします。Were there two cats in front of your house? のtwo cats「2匹のネコ」という「物」がわからないので、疑問詞はwhatに置き換えます。主語がtwo catsからwhatに変わりました。whatは三人称単数です。したがって、動詞をwereからwasに変えます。What was there in front of your house? ですが、**「何があるの？」とたずねるときは、thereを省略します**。What was in front of your house? が答えです。

■ 練習問題 ❸

次の各組の英文がほぼ同じ内容になるように、（　　　）内に適当な語を書きなさい。

(1) There weren't any pictures on the wall.
　　There were (　　　) pictures on the wall.

(2) A week has seven days.
　　There (　　　)(　　　)(　　　)(　　　) a week.

(3) Does it snow a lot in Hokkaido?
　　① (　　　) you (　　　)(　　　)(　　　) in Hokkaido?
　　② (　　　) there (　　　)(　　　) in Hokkaido?

■ 解 答

(1) no ／「壁に絵は1枚もありませんでした」

(2) are seven days in ／「1週間は7日です」

(3) ① Do, have much snow ② Is, much snow ／「北海道は雪がたくさん降りますか」

■ 解 説

　(1)not ～ any ＝no です。

　(2)1文目は、「1週間は7日です」をhaveで表現しています。小学校では、1週間＝7日、1日＝24時間、1時間＝60分のように学ぶので、「1週間は7日です」はbe動詞で表現すると思う人もいるでしょう。しかし、英語の感覚はちがいます。

139

◆1週間のイメージ

　1週間は、上図のように、「1週間の中に7つの日が存在している」包含関係なので、inを使いThere **are seven days** in a week.と表します。この包含関係の図をしっかり頭に入れましょう。

　(3)前節に続き、「雪がたくさん降る」の文です。2文目のように人が主語のときは、動詞がhaveで、目的語が「たくさんの雪」になります。snow「雪」はⓊなので複数形にしません。**Do you have**のあと空所が2つしかないので、「たくさん」はmanyではなく、**much snow**で表します。

　また、「〔雨や雪〕が降る」は、There is ～ . の文でも表現できます。存在している物が「たくさんの雪」ですから、同様にmuch snowを用い、これを主語にします。be動詞に注意してくださいね。「たくさん」だと、ついついareを使いたくなるかもしれませんが、単数か複数かは、数量形容詞で決まるのではなく、名詞の語尾で決まります。**Is there much snow in Hokkaido?** ですからね！

▎チャレンジ問題▏

次の文を、be動詞を用いて、英語になおしなさい。
(1) A：このかばんの中に何がありますか。
　　B：ボールが5つあります。
(2) A：あなたの子どもたちはどこにいますか。
　　B：庭の中です。
(3) 日本の人口はどれくらいですか。[people を用いて]

▎解　答▏

(1) What is in this bag?---There are five balls (<u>in this bag[there]</u>).
(2) Where are your children? ---They are in the yard.

(3) How many people are there in Japan?

語句 (1) ball「ボール」

解 説

(1)B 存在するfive ballsが新情報ですから、予告のthereが文頭に必要です。

(2)B 問いの文の主語はyour childrenなので、答えの文ではこれを代名詞にします。複数名詞なので、theyです。There is ～ . の文を学ぶと、何でも出だしをthereで始めたくなります。存在の表し方は2種類あることを、いつも意識してください。

(3)「日本には、どれだけ人々がいますか」と考えれば、There is ～ . の文を使って表現できます。peopleは-sをつけず、そのままの形で「人々」の意味です。複数扱いだったことをもう一度確認しておきしょう。

■■ **イントロダクション** ■■

☑ 文の要素 S、V、O、C を知る 〔1〕
☑ 第 1 文型、第 2 文型、第 3 文型を理解する 〔1〕
☑ 第 2 文型で使う動詞を知り、文を作る 〔2〕
☑ 「見る」と「聞く」の動詞の使い分けを知る 〔2〕
☑ 疑問詞を使った第 2 文型の文を作る 〔2〕
☑ 文型の知識を利用して、英文の正しい意味を理解する 〔2〕

　今回は、文型の考え方、そして be 動詞と同じような使い方をする一般動詞を学びます。

レッスン 1　文型

　いきなり「文型」という難しい言葉が出てきましたが、実は be 動詞の「公式」や一般動詞の「公式」とよんでいたものと意味は同じです。「公式」とよんでいた理由は、①**公式に当てはめればいろいろな文を作ることが可能である**ことをわかってもらいたかったこと、②**目的語や補語、修飾語で使える品詞を意識**してもらいたかったこと、そして、③とにかく**動詞のあと**を意識してもらいたかったこと（「動詞のあとにどんな品詞を置くかを意識することが大事♪ ➡ 第1節 **英語の ツボ❸**」）、これらが理由です。
　「文型」は、主語と動詞のあとに続く単語のちがいで分類したものです。どの英文も「主語のあとは動詞」、ここまでは共通ですからね。分類の仕方は、文法学者によって異なりますが、いちばん一般的なものは、英文の中を 5 つに分ける分類です。今後は次のような表記で英文の構造を示していきます。

> **主語→** S　　**動詞→** V　　**目的語→** O　　**補語→** C　　**修飾語→** M

　S、V、O、C を文の要素といいます。英文にとって、どうしても必要な部分、ということです。文型はこの要素で表記します。なお、M はどの文型にもつけることができます。

第1文型	S + V
第2文型	S + V + C
第3文型	S + V + O
第4文型	S + V + O + O
第5文型	S + V + O + C

今まで学んだ文がどれに対応しているのか考えてみましょう。

まず、**第1節**の一般動詞で学んだ公式＜I play tennis well.＞は第3文型だということはわかりますか？　第3文型のあとにMをつけると同じ形になりますね。これが、**他動詞の文**です。ここからOを省くと**第1文型**になって**自動詞の文**です。また、be動詞の文は**第2文型**です。

第1文型	S + V (+M)	→	自動詞の文のこと
第2文型	S + V + C (+M)	→	be動詞の文のこと
第3文型	S + V + O (+M)	→	他動詞の文のこと

▶ 今まで[他]と[自]は、一般動詞の分類のように書いてきましたが、もともとの定義は、O（目的語）が後ろにくるかこないかです。なので、Oが後ろにこない第2文型の動詞、つまりbe動詞は[自]になります。

確認しよう

第1文型の例文 I went to school by bus yesterday.
S V   M   M   M

「私は昨日、バスで学校に行きました」

第2文型の例文 I am a student.
S V   C

「私は生徒です」

第3文型の例文 I play tennis well.
S V   O   M

「私は上手にテニスをします」

第3文型までは、すでにみなさんが学んだ文型（英文）です。ただし、文型は品詞がわかっていないと理解しづらい内容になります。ですから、もし品詞の理解に不安がある人は、もう一度**第1節**と**第2節**を十分復習してから、このあとの学習を進めてください。

　ここで新しく学習するのは、第2文型で用いる一般動詞です。

　第2文型は、**動詞のあとにC(補語)**がくる文型です。CはSとイコールの関係で、主語を補足説明する働きをするので補語といいます。Cになれる品詞は名詞と形容詞ですが、1年生で最初に学ぶbe動詞の文、つまりS＋V＋Cの文はI am Emi.のように、自分の名前を紹介するものが多いため、Cといえば名詞というイメージを持っている人がいるかもしれません。ところが、Cに名詞をとる動詞は意外と少ないので、**Cといえば形容詞**のイメージに切り替えてください。

　ここから第2文型で用いる動詞の紹介をしますが、この文型で用いる動詞は少数派です。なぜなら、一般動詞は、そのほとんどが圓の第1文型か、囮の第3文型で用いられるからです。少数派の動詞を覚えるコツは、数を覚えておくことです。第2文型で用いる動詞は、右ページの表のように1＋2＋5＝8で8個覚えましょう。教科書によっては出てこないものもありますし、逆にもっと多くの動詞が紹介されているかもしれませんが、とりあえず8個覚えましょう。

　そして、Cに名詞が使えるのかどうかもセットで覚えてください。

　その前に、 第2節 で説明した「be動詞のあとは形容詞、一般動詞のあとは副詞♪➡ 第2節 英語の ツボ❾ 」をリニューアルします。

英語の ツボ❸
■ **be動詞と少数派7個の一般動詞のあとは形容詞、その他 多数の一般動詞のあとは副詞♪**

　少数派7つの一般動詞とは表の中の「〜になる（2語）」、「〜と感じる（5語）」の一般動詞のことですよ。

◆第2文型で用いる動詞一覧

訳し方	意味	覚える動詞の数	動詞	Cになれる品詞
「〜です」	イコール	1語	be	形容詞・名詞
「〜になる」	変化	2語	become	形容詞・名詞
			get	形容詞のみ
「〜と感じる」	五感	5語	look （視覚）	形容詞・ 〈like＋名詞〉 例 look like a cat ▶likeは「〜のように」 の意味の前置詞。
			sound （聴覚）	
			smell （嗅覚）	
			taste （味覚）	
			feel （触感・感覚）	

　表を見てわかるのは、Cに名詞がきていいのは、be動詞とbecomeしかないということです。とても少ないですね。五感を表す動詞も、前置詞likeの力を借りないと、名詞を置けないのです。

確認しよう

・I am happy.　　　　　　　「私は幸せです」
・He became my teacher.　　「彼は私の先生になりました」
・I got tired.　　　　　　　「私は疲れました」
・You look young.　　　　　「あなたは若く見えます」
・This story may sound like a joke.

　　　　　　　　　「この話は冗談に聞こえるかもしれません」

◆「見る」と「聞く」の使い分け

　第2文型で用いる動詞のlook「〜を見る」、sound「〜を聞く」以外に、同じような意味を持つ動詞があります。それらの使い分けを表にしておきます。

◆「見る」と「聞く」の動詞の使い分け

動詞の特徴		意味	
		見る	聞く
目的語Oが続く	意図的＝動作動詞○進行形	look at ～ watch ～	listen to ～
	自然に＝状態動詞×進行形	see ～	hear ～
補語Cが続く		look ＋圏 look like ＋图	sound ＋圏 sound like ＋图

　それぞれの動詞の使い分けのポイントは、「動詞のあとにどんな品詞を置くかを意識することが大事♪→ 第**1**節 **英語の** **ツボ❸** 」です。

◆疑問詞を使った第2文型の疑問文

　第2文型の疑問文の 例題 で、howとwhatの復習をしておきましょう。

例題

次の日本語に合うように、（　　　）内から適当な語句を選びなさい。
　この果物はどんな味がしますか。
　(How, What) does this fruit taste like?

解答

What

解説

　疑問詞を使った第2文型の疑問文です。howとwhatのどちらの疑問詞を選ぶかが問われています。howとwhatのちがいはなんですか？

　　howは「どのように」、whatは「何」と覚えています。

　そのように覚えている人は多いですね。1年生で疑問詞について学習し

ましたが、単語は意味を覚えるだけではダメなのです。意味だけでなく、何の品詞なのかも必ず覚えてください。

英語の ツボ㊹
■単語は、意味と一緒に品詞も覚える♪

　howは疑問副詞、つまりhowの品詞は**副詞**ですが、形容詞をたずねることができます。whatは疑問代名詞、つまりwhatの品詞は**名詞**です。 例題 の文は前置詞likeで文が終わっていますね。前置詞のあとは名詞が続きます。それが疑問詞に置き換わり、文頭に移動しているわけですから、答えは**What**です。

　もしlikeがなければ答えはHowです。なぜなら、tasteのあとは形容詞が続くからです。形容詞をたずねるhowは、what ～ likeと書き換えができるということです。

What does this fruit taste like?

▶後ろに名詞がくる→what（疑問代名詞）

= How does this fruit taste?

▶後ろに形容詞がくる→how（疑問副詞）

　天候をたずねるHow is the weather today? もWhat is the weather like today? と書き換えることができます。このlikeは名詞を形容詞化するための前置詞だと考えてください。

練習問題 ❶

次の日本語に合うように、（　　　）内から適当な語句を選びなさい。
(1) 彼は医者になりました。

　　He (was, became, got) a doctor.
(2) 聞いたところ、それはおもしろそうですね。

　　That (listens, hears, sounds) interesting.
(3) 彼女はアメリカ人のように見えます。

　　She (looks, looks like, sees) an American.
(4) このバラはあまい香りがします。

　　This rose smells (sweet, sweetly, like sweetness).

(1) became　　(2) sounds　　(3) looks like　　(4) sweet

語句　(1) doctor「医者」(2) interesting「おもしろい」(3) American「アメリカ人」(4) rose「バラ」／sweet「あまい」／sweetly「あまく」／sweetness「あまさ」

解 説

(1)「〜になる」と変化を表す動詞はbecomeとgetで、(　　)の後ろはa doctorという**名詞**です。Cとして名詞がきていいのはbecomeだけです。過去形の**became**が正解です。

(2)listenもhearもsoundも同じような意味に思えますが、「動詞のあとにどんな品詞を置くかを意識することが大事♪ ➡ 第1節 **英語の ツボ❸**」です。この問題は、動詞の後ろがinterestingという形容詞ですから、p.145の表からもわかるように、正解は**sounds**です。動詞の意味だけを覚えていると、学習が進むにつれて苦しくなりますよ（「単語は、意味といっしょに品詞も覚える♪ ➡ **英語の ツボ⑭**」）。動詞のあとに続く語句の品詞をいつも意識してください。

(3)選択肢の動詞の後ろにあるAmericanは、anがついていることからわかるように名詞です。後ろに名詞を置けるのは、look likeとseeのいずれかですね。ここからは意味を考えましょう。look likeを選べば、主語sheとan Americanがイコールの関係になり、seeを選べば、主語sheが別の目的語an Americanを見るという意味になります。日本語の意味から判断して、**looks like**を選びます。ちなみにlookは、look at 〜 やlook like 〜 のように、後ろに前置詞が必要です。気をつけてください。

(4)smellは五感の動詞なので、その後には形容詞もしくは〈like＋名詞〉が続きます。まず、sweet／sweetly／sweetnessのそれぞれの品詞が何かを考えてください（「英語は単語の語尾にたくさんの情報がつまっている♪ ➡ 第2節 **英語の ツボ⑩**」「似ているけれどちょっとちがう→品詞がちがう♪ ➡ 第10節 **英語の ツボ㊶**」）ですよ。

sweetのあとの-lyや-nessは接尾辞です→ 第2節 。形容詞のあとに-lyがつくと副詞に、-nessがつくと名詞になります。sweetは「あまい」という形容詞ですから、sweetnessは「あまさ」です。smellのあとに〈like＋名詞〉がきてよいとしても、さすがに「バラ＝あまさ」というイコール関係は成立しませんので、形容詞の**sweet**が正解です。

次は文型が混ざった問題です。

練習問題 ②

次の英文の（　　　）内から適当な語を選びなさい。

(1) She sings (beautiful, beautifully).

(2) She looks (beautiful, beautifully).

(3) This flower is (beautiful, beautifully).

(4) I saw a (beautiful, beautifully) flower in the park yesterday.

解　答

(1) beautifully ／「彼女は美しく歌います」

(2) beautiful ／「彼女は美しく見えます」

(3) beautiful ／「この花は美しいです」

(4) beautiful ／「私は昨日、公園で美しい花を見ました」

語句　(1) beautiful「美しい」／ beautifully「美しく」

解　説

　(1) sing は多数派の一般動詞なので、後ろに続くのは副詞の **beautifully** です。Ｓ＋Ｖ（＋Ｍ）（第1文型）です。

　(2) look は少数派の7個の一般動詞なので、形容詞の **beautiful** です。Ｓ＋Ｖ＋Ｃ（第2文型）です。

　(3) be 動詞なので、形容詞の **beautiful** です。第2文型です。

　(4) see は多数派の一般動詞 他 です。選択肢の前に a があるので目的語として名詞のかたまりを作るはずです。後ろにある名詞 flower を修飾する形容詞 **beautiful** が正解です。Ｓ＋Ｖ＋Ｏ（＋Ｍ）（第3文型）です。

この節では、be 動詞と同じ文型をとる一般動詞を覚えれば終わりではなかったのですか？

　そうですね。何のために文型を学ぶのかというと、英文の意味を正しく理解するためです。第1節 で「存在の意味の be 動詞の英文の公式（第2公式）」について説明したのを覚えていますか？　動詞にはいろいろな意味があるのですが、その意味を区別するために、文型の知識が必要なのです。第1節

で話したことを思い出してください。「動詞のあとにどんな品詞を置くかによって、動詞の意味が決まる♪ ➡ 第1節 英語の ツボ❺」です。問題を解くとわかりやすいので、いっしょに解いてみましょう。

例題

次の英文を日本語になおしなさい。

(1)① He is rich.

② He is my English teacher.

③ He is by my English teacher.

(2)① He got a present.

② He got home.

③ He got to the library.

④ He got angry.

解答

(1)①彼はお金持ちです。

②彼は私の英語の先生です。

③彼は私の英語の先生のそばにいます。

(2)①彼はプレゼントをもらいました。

②彼は帰宅しました。

③彼は図書館に着きました。

④彼は怒りました。

語句 (1) rich「お金持ちの」 (2) library「図書館」／ angry「怒った」

解説

(1)はどの文も He is が主語と動詞、(2)はどの文も He got が主語と動詞です。主語と動詞だけではそれぞれの英文を訳せないので、動詞のあとの単語の品詞を見る必要があります。

(1)is のあとの単語のそれぞれの品詞はわかりますか?

①は「お金持ちの」という意味の形容詞、②は「私の英語の先生」で名詞ですね。③は②で使った名詞の前に前置詞 by があります。

　そうですね。では、①形容詞、②名詞、③〈前置詞＋名詞〉は、それぞれO、C、Mのどれになりますか？

> be 動詞の文なので、形容詞・名詞はCになったはずです。〈前置詞＋名詞〉は…。

　形容詞・名詞は正解ですね。では、「主語（S）→名詞、動詞（V）→動詞、目的語（O）→名詞、修飾語（M）→副詞、もしくは〈前置詞＋名詞〉 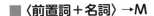 ⇒ 第1節 英語の ツボ❶」を思い出してください。

　これをもとにして、どの品詞がどの要素、もしくは修飾語になるのかをまとめなおします。

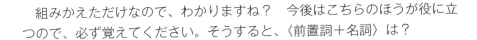

英語の ツボ㊺

■名詞→S・O・C（ただし、be 動詞と become のみ）

▶名詞には疑問代名詞 what / who / which を含む

■形容詞→C

■副詞→M

▶副詞には疑問副詞 when / where / how / why を含む

■〈前置詞＋名詞〉→M

　組みかえただけなので、わかりますね？　今後はこちらのほうが役に立つので、必ず覚えてください。そうすると、〈前置詞＋名詞〉は？

> Mです！

　そうですね。③だけ is の意味がちがいませんか？

> 本当ですね！　①「彼はお金持ちです」②「彼は私の英語の先生です」③「彼は私の英語の先生のそばにいます」です。

①・②はＳ＋Ｖ＋Ｃ（第２文型）の文、③はＳ＋Ｖ（＋Ｍ）（第１文型）の文です。それがわかるからbe動詞の意味が決まるのです。

英語の ツボ46

■**動詞のあとの品詞によってＯ、Ｃ、Ｍが決まり、それによって動詞の意味が決まる♪**

では(2)を同じようにやってみましょう。

(2)①のa presentは名詞で、Ｏですね。Ｃではありません。②のhomeには名詞と副詞がありました。これは副詞なのでＭです。③は〈前置詞＋名詞〉なのでＭです。④のangryは形容詞なのでＣです。

①Ｏが続くということは、このgetは他ということですが、他のgetは知っていましたか？　辞書を引いて調べてみましょう。他のgetは「～を手に入れる」の意味です。よって、①は「彼はプレゼントをもらいました」です。②get homeは「帰宅する」という意味です。だから、このhomeは名詞ではないことがわかりますね。Ｍが続くときのgetは「着く」です。②・③のgetの意味は同じで、②「彼は帰宅しました」、③「彼は図書館に着きました」ですよ。④Ｃが続くときのgetはp.145の表で学びましたね。変化を表して「～になる」で、「彼は怒りました」です。

チャレンジ問題

次の日本語を英語になおしなさい。

(1) 彼はうれしそうにイヌと遊んでいました。

(2) 彼はうれしそうに見えます。

(3) この絵の中に何が見えますか。

解　答

(1) He was playing happily with his dog.

(2) He looks happy.

(3) What can you see in this picture?

語句　(1) happily「うれしそうに」／dog「イヌ」

解　説

(1)と(2)の「うれしそうに」、(2)と(3)の「見えます」は意味や品詞は同

じですか、それとも異なりますか。まずは、それぞれのちがいを考えながら解いてください。

(1)SはHe、Vはwas playingです。「遊ぶ」の意味ではplayは圓です。「うれしそうにイヌと」はMですから、副詞・〈前置詞＋名詞〉ですね。「うれしそうに」はhappilyを用います。

(2)「彼＝うれしい」の関係があるので、「見える」は第2文型です。lookを用い、後ろは形容詞ですね。

(3)この「見える」は、(2)とはちがい、イコール関係を導くものではありません。圑のseeを用います。seeは「（人（S）が）（もの（O））を見る」という意味です。Sは日本語に書いてありませんがyou、OがwhatですＮね。あとはMが続くので〈前置詞＋名詞〉です。

　第1文型、第2文型、第3文型のちがいは、S＋Vのあとです。第1文型はM、第2文型はC、第3文型はOということですね。(1)が第1文型、(2)が第2文型、(3)が第3文型の文でした。

☑ 第４文型が〈ＳＶＯＯ〉の文型だと知る ▶1
☑ 第４文型で用いる主な動詞を覚える ▶1
☑ 第４文型の語順を知り、第３文型に書き換える ▶1
☑ 第４文型が目的語を２つ置く文型だと知る ▶1
☑ 第５文型が〈ＳＶＯＣ〉の文型だと知る ▶2
☑ 第５文型で用いる主な動詞を覚える ▶2

　今回は、第４文型、第５文型を学びます。

> レッスン**1**　**第４文型**

　第４文型は、初めて学ぶ文型です。**動詞のあとに目的語を２つ置く文型**です。

◆第４文型

名詞		動詞		名詞		名詞
S	＋	V	＋	O	＋	O
主語		動詞		目的語		目的語
「～は」		「する」		「…に」		「～を」

　動詞のあとに目的語が２つあるということは、**動詞のあとに名詞を２つ置く**ということです。この場合、その順番が大事です。「…に～を」の順です。多くの場合、「…」には**人**、「～」には**物**にあたる名詞を用います。今までは目的語の訳が「～を」でした。その前に「…に」にあたる名詞を置きます。注意してくださいね。
　逆に今までは、「…に」の部分を〈前置詞＋名詞〉で表現してきました。ですから、**第４文型は第３文型に書き換え**られるものがあります。
　２年生では第４文型で用いる動詞を８語（６語＋２語）覚えましょう。ここでも「６語＋２語」のように数で覚えるとわかりやすいですよ。

◆第4文型で用いる主な動詞

第3文型の文	第4文型の文	日本語訳
〈物 + to + 人〉型 6個	〈give + 人 + 物〉	(人)に(物)をあげる
	〈show + 人 + 物〉	(人)に(物)を見せる
	〈tell + 人 + 物〉	(人)に(物)を伝える
	〈teach + 人 + 物〉	(人)に(物)を教える
	〈send + 人 + 物〉	(人)に(物)を送る
	〈lend + 人 + 物〉	(人)に(物)を貸す
〈物 + for + 人〉型 2個	〈buy + 人 + 物〉	(人)に(物)を買ってあげる
	〈make + 人 + 物〉	(人)に(物)を作ってあげる

　第4文型を第3文型に書き換える場合は、**to**と**for**を使い分けます。**to**は「到達」を表す前置詞です。見せたり送ったりしたものは、確実に相手に届きますね。**for**は「利益」を表します。「～のためにわざわざ買ってあげた、作ってあげた」という感じです。もしくはforを「目標」と考えることもできます。買ったり作ったりするものは、買ってから相手にあげる、作ってから相手にあげるときもあるわけですが、場合によっては、買ったけれどあげるのはやめよう、作ったけれどあげるのはやめよう、というケースも考えられます。ですから、確実に相手に届くかはわかりません。これが「目標」という考え方です。

> ▶ tellとteachの使い分け
> tellもteachも〈人 + 物〉が後ろにきて、意味も「教える」で似ています。目的語が教科の場合はteach、名前や住所、電話番号を教えるような場合はtellを使います。

確認しよう

・My father <u>gave</u> me a birthday present.
　　S　　　 V　 O(人)　　 O(物)

　　　　　　　　　「父は私に誕生日プレゼントをくれました」

＝My father gave a birthday present to me.
　　S　　　 V　　　　 O　　　　　 M

· My mother <u>made</u> me a birthday cake.
　　　S　　　　V　　O(人)　　　　O(物)

「母は私のために誕生日ケーキを作ってくれました」

＝ My mother <u>made</u> a birthday cake <u>for</u> me.
　　　S　　　　V　　　　　O　　　　　　M

練習問題 ❶

次の（　　）内の語句を並べかえ、意味の通る英文にしなさい。また、できた英文を日本語になおしなさい。

(1) Shall (you / I / show / my notebook)?

(2) (me / my aunt / sent / some apples).

(3) Please (Tom / it / give / to).

(4) (her sisters / Emiko / lunch / makes / for).

解答

(1) I show you my notebook ／あなたに私のノートを見せましょうか。

(2) My aunt sent me some apples ／私のおばは私にリンゴを送ってくれました。

(3) give it to Tom ／それをトムにあげてください。

(4) Emiko makes lunch for her sisters ／エミコは自分の姉妹たちに昼食を作ってあげます。

語句　(1) notebook「ノート」　(2) sent (send「～を送る」の過去形)

解説

　動詞のあとが「人に物を」なのか、「物 to〔for〕人」なのかを考えて並べ替えます。

　(1) I は主格なので、主語でしか用いられません。shallは一人称と共に用いることも思い出しましょう➡ **第5節**。showのあとに〈人＋物〉の順に名詞を置きます。

　(2) meは目的格なので、目的語でしか用いられません。主語はmy auntです。sendの過去形sentのあとに〈人＋物〉の順に名詞を置きます。

　(3) toがあるので、〈物＋to＋人〉の順にします。

(4)三人称単数現在の語尾につく-sの動詞makesがあるので、主語は三人称単数のEmikoと判断できます。forがあるので、makesのあとは〈物＋for＋人〉にします。

■ 練習問題 ❷ ◢

次の各組の英文がほぼ同じ内容になるように、（　　　）内に適当な語を書きなさい。

(1) Bob lent me some books.
   Bob lent some books (　　　　) me.
(2) I bought Bob this book.
   I bought this book (　　　　) Bob.
(3) Ms. Kato is our music teacher.
   Ms. Kato teaches (　　　)(　　　　)(　　　　).

■ 解 答 ◢

(1) to ／「ボブは私に数冊の本を貸してくれました」
(2) for ／「私はボブにこの本を買ってあげました」
(3) music to us ／「加藤先生は私たちに音楽を教えます」

（語句） (1) lent (lend「～を貸す」の過去形)

■ 解 説 ◢

　(1)lentはlendの過去形です。lendは〈物＋to＋人〉型の動詞です。
　(2)boughtはbuyの過去形です。buyは〈物＋for＋人〉型の動詞です。
　(3)1文目の「加藤先生は私たちの音楽の先生です」という文意から、「加藤先生は私たちに音楽を教えます」という文を作ります。teachのあとに〈人＋物〉、もしくは〈物＋to＋人〉を加えて同じ意味にします。空所の数から、Ms. Kato teaches music to us. が正解になります。前置詞のあとは目的格なので、所有格のourを目的格のusにするのを忘れないでください。

レッスン❷　**第5文型**

　第5文型も初めて学ぶ文型です。**動詞のあとに〈目的語＋補語〉**が続きます。この補語は、**目的語を補足説明**するものです。

◆第5文型

```
名詞          動詞          名詞        名詞／形容詞
 S     +     V     +     O     +     C          ▶ O＝Cの関係
主語          動詞          目的語         補語
「～は」       「する」       「～を」        「～と」
```

2年生では、補語が名詞である次の2つの動詞を覚えましょう。

◆第5文型で用いる主な動詞

・〈call＋O＋C〉「OをCとよぶ」

例　My name is Thomas, but please <u>call</u> me Tom.
$\qquad\qquad\qquad\qquad\qquad\qquad$ V　O　C

「僕の名前はトーマスですが、ぼくをどうかトムとよんでください」

▶ me ＝ Tom

・〈name＋O＋C〉「OをCと名付ける」

例　He named his son Bob.　「彼は自分の息子をボブと名付けました」
$\quad$ S　V　O　C

▶ his son ＝ Bob

　この第5文型も第4文型と同様、動詞のあとに名詞が2つ（目的語と補語）続きますが、第4文型とのちがいは、その2つの名詞にイコール関係があることです。「よんだり」「名付けたり」するので、補語にあたる名詞は固有名詞であることが多いです。

▌練習問題

次の（　　）内の語句を並べかえ、意味の通る英文にしなさい。また、できた英文を日本語になおしなさい。

(1) (Mt. Fuji / that mountain / we / call).
(2) (her dog / she / Pochi / named).

▌解答

(1) We call that mountain Mt. Fuji ／私たちはあの山を富士山とよんでいます。
(2) She named her dog Pochi ／彼女は自分のイヌをポチと名付けました。

158

語句　(1) Mt. Fuji「富士山」／ mountain「山」

解説

　主格の代名詞は主語になります。動詞に続く名詞の語順に注意します。

　(1)動詞は **call** で第5文型の文です。that mountain が目的語、固有名詞 Mt. Fuji が補語です。

　(2)動詞は **named** で第5文型の文です。固有名詞 Pochi が最後にくる語順にします。

チャレンジ問題

次の日本語に合うように、(　　　)内の語句を並べ替え、意味の通る英文にしなさい。ただし、不要なものが1つあります。

(1) あなたのお子さんの名前を教えてください。

　　Please (me / your / name / tell / teach / child's).

(2) 駅への行き方を教えてくれませんか。

　　Could you (me / the station / get / to / tell / the way)?

(3) 私たちは日本語でこの花を桜といいます。

　　We (Japanese / this flower / Sakura / say / in / call).

(4) あなたたちはこの魚を英語でどうよんでいますか。

　　(you / this fish / in / call / how / what / do) English?

解答

(1) tell me your child's name（不要語 teach）

(2) tell me the way to the station（不要語 get）

(3) call this flower Sakura in Japanese（不要語 say）

(4) What do you call this fish in（不要語 how）

語句　(3) Japanese「日本語」／ flower「花」　(4) fish「魚」

解説

　(1)your child's name が名詞のまとまりになるので、日本語にはありませんが、me は「人に」の部分の目的語になります。第4文型の文です。「教える」という日本語なので teach だと思う人がいるかもしれませんが、名前などを教える場合、英語では tell を用います。

> **Please tell me your child's name.**
> V O(人)　　　　O(物)

(2)この問題文は第4文型で用いるtellの最も有名な文例といってよいでしょう。tellとtoを見て、〈tell＋物＋to＋人〉だと早合点しないでくださいね。実は話していなかったのですが、〈前置詞＋名詞〉は、動詞を修飾する以外に、直前の名詞を修飾する働きがあります。教科書では詳しい説明もなく1年生から使われていますが、とても大事なことなので、第17節でしっかり扱います。今は、the way to ～で「～への行き方」と覚えてください。この文も「教える」はteachではなく、tellを用います。

> **Could you tell me the way to the station?**
> S　　V O(人)　　　　O(物)

(3)sayは「言う」、callは「呼ぶ」と意味だけで考えて、「この文はthis flowerとSakuraにイコール関係がありそうだから、言う、だけどcallを用いる？」と混乱した人はいませんか？　動詞は意味だけ覚えてもだめです！「動詞のあとにどんな品詞を置くか意識することが大事♪ ➡ 第1節 英語の ツボ❸」とこれまで何度も言っていますね。this flower ＝ Sakuraの関係があるということは、その動詞をどう訳そうとcallを使わなければならないということです。

> **We call this flower Sakura in Japanese.**
> S　V　　O　　　　C　　　M

このinは言語名をともない、「～語で」の意味で、動詞を修飾します。

◆「話す」タイプの動詞4語 (tell / say / speak / talk) の使い分け

他動詞　tell＋人＋物　　▶人を目的語にとれるのはtellのみ

say＋to＋人，"〔言った内容〕"／ say＋that＋S＋V

speak＋言語名／ speak＋to＋人

自動詞　talk＋about＋物事

talk＋with／to＋人

この4つの動詞を覚えるとき、この順番を意識してください。tell→ say → speak → talk の順番は、他から自への順番です。2つ目的語をとる動詞、もっと言えば**人を目的語にとれる動詞は** tell だけです。say は「言った内容」が目的語です。それを〝　　　〟や that 節で表します。人を目的語にとることはできません。speak は他のイメージが強いかもしれませんが、言語名を目的語にとるだけで、自 talk とほぼ同じ使い方です。

(4)p.146の 例題 でも扱った how と what の使い分けの問題です。日本語で判断してはいけません。how は形容詞や副詞をたずねる疑問詞、what は名詞をたずねる疑問詞です。この問題の call の目的語は this fish、補語が疑問詞になります。call の特性上、補語は名詞なので、日本語では「どう」となっていますが、what を使います。

<u>What</u> <u>do</u> <u>you</u> <u>call</u> <u>this fish</u> <u>in English</u>?
　C　　　S　　V　　　O　　　　M

---

call は、補語を what でたずねる疑問文によく用いられます。解けるようにしておいてくださいね。

> (2)の「駅への行き方を教えてくれませんか（Could you tell me the way to the station?)」の英訳について質問です。get を用いて同じような意味の文があったような気がするのですが…。

Could you tell me how to get to the station? のことですね。〈how to ＋動詞の原形〉で「〜の仕方」という名詞の働きになります。文法的な説明は3年生でしますが、いっしょに覚えておいたほうが便利です。どちらの表現も使えるようにしておいてください。

このとき注意してもらいたいのは、「行く」にあたる動詞です。go ではなく get を使うのが一般的です。前の節でも確認しましたが、第1文型で用いる get は「着く」という意味です。道案内をするときは「〜へ着く方法」という意味で〈how to get to 〜〉を用います。

■ イントロダクション ■

- ☑ 準動詞の種類と性質を知る 1
- ☑ 動名詞が動詞の –ing 形で名詞の働きをすることを知る 2
- ☑ 動名詞を目的語にとる動詞を覚える 2
- ☑ 動名詞を含む英文の意味を理解し作る 2

今回は、名詞の働きをする動詞の -ing 形を学びます。

レッスン 1　準動詞の性質

進行形を復習したとき、動詞の語形について、「動詞には時制を表す形と、時制がなく他の品詞になる形がある♪ ➡ 第3節 **英語の** **ツボ⓮**」と話しましたね。覚えていますか？

進行形を作る動詞の –ing 形は、be 動詞の補語と考えると、形容詞の働きと考えることができます。

He is playing tennis.　　　　「彼はテニスをしています」
S　V　　C＝形容詞

しかし、同じ playing tennis でも、主語を変えると名詞になります。

His hobby is playing tennis.　「彼の趣味はテニスをすることです」
S　　　V　　C＝名詞

この動詞の -ing 形のように、**動詞以外の品詞になる語形のもの**を 準動詞といいます。

またまた、難しい名前ですね…。

そうですね。「準動詞」という名前自体は忘れてもらってよいですが、こ

れ以降、2年生の英語学習でも最も重要な勉強が始まります。第14節は動名詞、第15節から不定詞を学びます。そして、その後分詞も登場します。準動詞とはこの**3種類**、つまり、動名詞・不定詞・分詞をまとめて呼んだものです。先ほどの2つの例文、He is playing tennis. とHis hobby is playing tennis. から、準動詞の性質が読み取れるので、まずはその話から始めますね。

英語のツボ47

■準動詞の性質♪

①自／他の性質を保ったまま、「意味のまとまり」を作る♪
②その「意味のまとまり」は、名詞・副詞・形容詞の働きをする♪

では、①から説明します。「自／他の性質を保ったまま」というのは、

英語のツボ48

■動詞はどんな語形になっても、後ろに続く形は一定♪

ということです。たとえばplayなら、playでもplaysでもplayedでもplayingでも、後ろに目的語がきて、場合によってはそれに修飾語がつきます。先ほどの文例では、playingのあとに目的語のtennisがありますね。

ここからが現在形や過去形とちがうところですが、playing tennisの部分全部が1つの「意味のまとまり」になるのです。わかりますか？　ここが、準動詞の最初で最大のポイントです。

He plays tennis.
S　V　O

▶時制のある語形のときは、そこだけがV（動詞）

His hobby is playing tennis.
S　V　C

▶時制のない語形（この文例では動詞の-ing形）のときは、V（動詞）に続く部分全体が「意味のかたまり」になる

もう1つの例を見てみましょう。I teach English at a *juku*. この英文

を「意味のかたまり」に分けて下線をひき、それぞれに、S、V、O、C、Mを書いてみてください。

え〜と…、I teach English at a *juku*. です！
   S V   O   M

そのとおりです。 第12節 を思い出すと、品詞からS、V、O、C、Mがわかるのでした。「名詞→S・O・C、形容詞→C、副詞→M、〈前置詞＋名詞〉→M➡ 第12節 英語の ツボ45 」ですね。「私は塾で英語を教えています」という意味です。これを少し変えますよ。

My job is teaching English at a *juku*.

先ほどの文の現在形のteachがteachingになりましたが、あとに続いているものは、どちらもEnglish at a *juku*です。動詞がどんな語形になっても、後ろに続く形が一定であることが確認できますね？

はい、確認できます！

ですが、teachingは時制がないので、ここから「意味のまとまり」が始まります。どこまでが「意味のかたまり」として下線を引けそうですか？

最後まで、つまり、*juku* までです。

そうですね。ここが最も大事なところです。
それでは、My job is teaching English at a *juku*. には下線が何本引かれることになりますか？

my job が S、is が V、残りが１本の下線なので、３本
です。

　はい、そのとおりです。ここまでできたら、準動詞の性質の②に進みま
す。「意味のまとまりが名詞・副詞・形容詞になる」。このフレーズ、実は
以前にも出てきました。

　「〈従属接続詞＋主語＋動詞…〉で「意味のまとまり」になる♪「意味の
まとまり」は、必ず名詞・形容詞・副詞のどれかになる♪→ 第7節
英語の ツボ㉔」「「節」やその他の「意味のまとまり」は、同じ形で一人３
役（名詞・副詞・形容詞）をこなす♪➡ 第9節 英語の ツボ㊱」です。

　名詞・形容詞・副詞の３つ、というのは、第1節 、第2節 で話した「英
文になくてはならないもの」の名詞・動詞、「修飾語（飾り）」の形容詞・
副詞から動詞を省いた３つです。準動詞も、「意味のまとまり」を作るもの
ですから、名詞・形容詞・副詞のどれかになります。

　準動詞のように、時制を含んでいない「意味のまとまり」を「句」とい
います。時制を含んでいる、つまり〈接続詞＋Ｓ＋Ｖ…〉の「意味のまと
まり」は「節」でしたね。2年生では、この「節」と「句」の概念を理解
することが英語学習の大きなテーマです。

　先ほどの My job is teaching English at a *juku.* に、Ｓ、Ｖ、Ｏ、
Ｃ、Ｍを書くと以下のようになります。

My job is teaching English at a *juku.*
  S   V   C

「私の仕事は塾で英語を教えることです」

　この動詞の -ing 形は名詞の働きです。これで、動名詞はほぼ理解できた
ようなものですよ！

レッスン2　動名詞

では、改めて動名詞の説明を行います。
動詞の -ing 形から始まる「意味のまとまり」が名詞の働きをするもの

を動名詞といいます。ちなみに、動詞の-ing形には名詞の働き、形容詞の働き、副詞の働きと3つの働きがあります。まだこの先に学習することもありますが、下の表に示しておきますね。

◆動詞の -ing 形の働き

名詞の働き	動名詞
形容詞の働き	現在分詞 ▶進行形で用いたもの。3年生でしっかり学びます。
副詞の働き	現在分詞 ▶高校で分詞構文として学びます。

　さて、名詞は英文の主語・目的語・補語として用いられます。それぞれの例文を見てみましょう。また、動詞の-ingのつけ方は1年生で学習した進行形と同じです。

◆一般動詞の -ing のつけ方

1	ふつうは、語尾にそのまま-ingをつける	例 play「(球技など)をする」⇒ playing
2	発音しない-eで終わる語 ⇒ -eをとって-ingをつける	例 make「〜を作る」⇒ making
3	〈アクセントのある短母音＋子音字〉で終わる語 ⇒ 子音字(最後の文字)を重ねて-ingをつける	例 run「走る」⇒ running 例 swim「泳ぐ」⇒ swimming 例 sit「座る」⇒ sitting 例 get「〜を得る」⇒ getting
4	-ieで終わる語 ⇒ -ieを-yに変えて-ingをつける	例 lie「横たわる」⇒ lying 例 die「死ぬ」⇒ dying

▶短母音：短く発音する母音字　　▶子音字：aiueo以外の文字

確認しよう

▶**動名詞が英文の主語になる文**

・<u>Studying English every day</u> is very important.
　　　　　　　S　　　　　　　　V　　　C

「毎日英語を勉強することは、とても大切です」

▶動名詞が英文の目的語になる文

・He likes looking at the stars at night.
　S　　V　　　　　　　O

「彼は、夜に星を見るのが好きです」

▶動名詞が英文の補語になる文

・My hobby is listening to music on the radio.
　　S　　　V　　　　　　　　C

「私の趣味は、ラジオで音楽を聞くことです」

英語の ツボ㊾
■文の構造がわかって初めて意味がわかる（日本語に訳せる）♪

　これは本当に大切なことです。「文の構造がわかる」ということは、英文の各部分がSやOやCのどれなのか、正しく認識できるということです。たとえそこまでできなくても、「どこまでが目的語かな」「どこまでが主語かな」という意識を持つと文の構造がわかってきます。これは本当に本当に大切なことです。

　文が長くなってくると、単語の意味から雰囲気で訳してしまう人がいますが、単語の意味がわかっただけでは日本語に訳せません。文の構造がわかって初めて意味がわかるのです。

　英文の構造を理解する手がかりは何かわかりますか。それはVです。Vは時制を持っています。時制のある単語が見つかれば、それがV、そして、その前がSだとわかります。VのあとはOやCやMですね。それを判断する根拠が品詞であり、文型の知識です。Vは時制を表すところである、ということは、第3節〜第6節で話してあります。Vのあとの判断の方法は、第12節で話してあります。話は全部つながっています。無理のないつながりになるように節を並べているので、しっかり今までの部分を復習して取り組んでくださいね。

英語の ツボ㊿
■V（時制）を見つければ、文の構造がわかる♪

もう１つ、前置詞のあとの名詞としても動名詞を用いることができるということを付け加えておきます。

> ▶**動名詞が前置詞のあとの名詞になる文**
> ・**Thank you for** calling me.　　「お電話どうもありがとう」

練習問題 ❶

次の日本語に合うように、(　　　)内の語句を並べかえなさい。

(1) 彼は自分の部屋で数学を勉強し始めました。

　He (math / his room / studying / began / in).

(2) 父の仕事は絵を描くことです。

　My (pictures / is / painting / job / father's).

(3) 英語で手紙を書くことは難しい。

　(English / letters / writing / difficult / in / is).

(4) 私は宿題をしたあとでテレビを見ました。

　I (my homework / after / TV / watched / doing).

解答

(1) began studying math in his room

(2) father's job is painting pictures

(3) Writing letters in English is difficult

(4) watched TV after doing my homework

語句　(1) began (begin「～を始める」の過去形)　(2) paint「～を描く」／job「仕事」　(3) difficult「難しい」

解説

　今までどおり、Ｓ→Ｖ→ＯやＣの順に語句を並べていきましょう。

　(1)He beganがＳＶです。beganは過去形で、時制がありますね。beginの目的語が「自分の部屋で数学を勉強する」の部分ですから、studyが名詞になったstudyingから「意味のまとまり」が始まります。studyもstudyingも、あとに続くものは同じですよ。studyのあと、Ｏ→Ｍの順に語句を並べます。

```
             (V)        (O)           (M)
He began studying math in his room.
   S    V                             O
```

(2)My father's job isがＳＶです。補語の名詞が「絵を描く」の部分なので、paintが名詞になったpaintingから「意味のまとまり」が始まります。painting pictures全体がbe動詞の補語です。

```
                        (V)         (O)
My father's job is painting pictures.
      S           V        C
```

(3)主語は「英語で手紙を書くことは」です。「～は」のついているところが主語ですよ。どこから書き始めてよいかわかりますか？　「英語」ではありません。「書くこと」つまりwritingです。動詞の-ing形から「意味のまとまり」が始まるのでしたね。writingのあとは、writeの目的語、修飾語と続きます。長い主語ができあがったら、ようやく動詞のisが書けます。

```
   (V)        (O)       (M)
Writing letters in English is difficult.
   S                        V    C
```

(4)I watched TVがＳＶＯです。watchedは時制がわかる語形です。目的語のあとのＭを〈前置詞＋動詞の-ing形〉で書きます。doがdoingになることによって名詞になるため、前置詞のあとに置くことができますが、doはもともと他なので、そのあとにdoの目的語がくるわけです。

```
                        (V)          (O)
I watched TV after doing my homework.
 S    V     O                M
```

　第8節 で学んだ接続詞のうち、afterとbeforeは前置詞の働きもあります。接続詞と前置詞のちがいはあとにくる品詞のちがいでしたね。

■前置詞のあとは名詞♪、接続詞のあとは〈S＋V…〉♪

「前置詞と従属接続詞は単独では存在できない♪ ➡ 第8節 英語の ツボ㉙」で、前置詞と従属接続詞に続く「意味のまとまり」の形について、説明したとおりです。

I watched TV <u>after</u> doing my homework. を、after を接続詞として用いて、I watched TV <u>after</u> I did my homework. と書き換えることができます。

◆動名詞を目的語にとる動詞

名詞節を導く that のときにも話しましたが ➡ 第7節、他動詞の目的語をすべて動名詞で表せるわけではありません。動名詞を目的語にとる動詞をいくつか覚えましょう。

◆動名詞を目的語にとる主な動詞

動詞	意味	
〈enjoy ＋動詞の -ing 形〉	「〜して楽しむ」	
〈finish ＋動詞の -ing 形〉	「〜し終える」	
〈stop ＋動詞の -ing 形〉	「〜するのをやめる」	
〈like ＋動詞の -ing 形〉	「〜するのが好きだ」	
〈start ＋動詞の -ing 形〉	「〜し始める」	

上の 〈enjoy ＋動詞の -ing 形〉 などは、熟語ではありません。熟語のように覚えてもらってもかまいませんが、<u>動詞の目的語を動詞の -ing 形で書いている</u>という意識、<u>動詞の -ing 形から「意味のまとまり」が始まっている</u>という意識を必ず持ってください。

練習問題 ❷

次の日本語に合うように、（　　　）内に適当な語を書きなさい。

⑴ 私は 1 時間前に、この部屋を使い終えました。

　　I (　　　　　)(　　　　　　　) this room an hour ago.

(2) その少年は泣きやみました。

The boy (　　　　　)(　　　　　).

(3) 彼らは海で泳ぐのを楽しみました。

They (　　　　　)(　　　　　) in the sea.

(4) 私のネコは、ソファーに横たわるのが好きです。

My cat (　　　　　)(　　　　　) on the sofa.

| 解 答 |

(1) finished using　　　　(2) stopped crying

(3) enjoyed swimming　　　(4) likes lying

語句　(2) boy「少年」／ cry「泣く」　(4) sofa「ソファ」

| 解 説 |

　時制のあるVの部分と、その目的語である名詞としての動詞の-ing形を意識しましょう。

　(1) finishは目的語に動名詞をとる動詞です。useはeをとって-ingをつけます。

　(2) stopは目的語に動名詞をとる動詞です。 finishとstopのちがいは、finishは最後までやりきること、stopは中断すること、つまり、「途中でやめること」を表します。「泣く」は終わりが決まっていませんから、finished cryingとはいえません。cryの-ing形にも注意しましょう。

　(3) enjoyは目的語に動名詞をとる動詞です。swimはmを重ねて-ingをつけます。

　(4) likeは目的語に動名詞をとる動詞です。lieはieをyにかえて-ingをつけます。

| チャレンジ問題 |

次の日本語を、動名詞を用いて、英語になおしなさい。

(1) いつ雨がやみましたか。

(2) マンガを読むことはとても楽しい。[fun を用いて]

(3) 渋谷に買い物に行きませんか？　[How about で始めて]

(1) When did it stop raining?

(2) Reading comic books is a lot of fun.

(3) How about going shopping in Shibuya?

語句 (2) comic book「マンガ」／fun「楽しみ」

(1)天候表現なので、itを主語にします。「やむ」はstopを使います。雨は終わりが決まっていませんから、finishは使えません。stopの目的語にrainの動名詞を用います。rainはnを重ねずに-ingをつけます。[ei]は二重母音です。〈短母音＋子音字〉で終わる単語ではありません。

(2)主語は「マンガを読むこと」です。readを動名詞readingにして書き始めるのは、p.168の **練習問題 ❶** (3)と同じです。そのあとにreadの目的語を続けます。reading comic booksが主語です。この主語に対して「とても楽しい」と補足説明しているので、be動詞の文ですね。be動詞をまちがえないように注意しましょう。「マンガを読むこと」というのは1つの事柄なので、三人称単数の名詞です。booksだけを見て、areを用いないように。be動詞はisを用います。「とても楽しい」ですが、日本語を見るかぎり、「楽しい」にあたるfunは形容詞に見えますが、「楽しみ」という名詞です。名詞はveryで修飾できません。形容詞で修飾します。ですから、「とても楽しい」はvery funではなく、a lot of funとします。

(3)提案・勧誘の文なので、How about ～? の表現を用います➡ **第5節**。aboutが前置詞なので、そのあとに動名詞が続きます。「買い物に行く」はgo shopping ですから、How about going shoppingになります。
　動詞の-ing形が2つ続くことになりますが、1つは前置詞のあとの-ing、もう1つはgo ～ ingで「～しに行く」という熟語で、これらがたまたま続いただけで、問題はありません。

> ## How about going shopping ～
> 〈**前**＋動詞の-ing形〉
> ▶ go＋動詞の-ing形で「～しに行く」という熟語

注意してほしいのは、Shibuyaにつける前置詞です。日本語では「渋谷に」が「行く」にかかりますが、英語は動詞の-ingから「意味のかたまり」が始まります。shopに-ingがつくということは、shopは「買い物をする」という[自]ですよ。-ingがついてもつかなくても、「動詞はどんな語形になっても、後ろに続く形は一定♪ ➡ 英語の ツボ48」でしたね。shop to Shibuyaでは、「渋谷に向かって買い物をする」という意味になってしまいます。ここは「渋谷で買い物をする」のですから、前置詞inを用いてshop in Shibuyaになります。

イントロダクション

☑ 不定詞〈to ＋動詞の原形〉の形と働きを知る ▶1
☑ 不定詞の名詞的用法を用いた英文を作る ▶2
☑ 不定詞が主語の文を形式主語の it を用いて表す ▶2
☑ 「不定詞の名詞的用法」と「動名詞」のちがいを理解して使い分ける ▶3

今回は、2つ目の準動詞、不定詞を学んでいきます。

レッスン1 不定詞の形と働き

〈to ＋動詞の原形〉を不定詞といいます。動名詞と同じ準動詞なので、〈to ＋動詞の原形〉から「意味のまとまり」が始まり、名詞・副詞・形容詞の働きをします。

　動詞の-ing形は、名詞の働き、形容詞の働き、副詞の働きを1学年に1つずつ学びますが、不定詞は一気にまとめて学習します。

▶**不定詞の形と働き**
　■〈to ＋動詞の原形〉**の形**
　■名詞・副詞・形容詞**の働き**

レッスン2 不定詞の名詞的用法

〈to ＋動詞の原形〉から始まる「意味のまとまり」が名詞の働きをしている場合、その不定詞を名詞的用法といいます。

　動名詞のときに復習したとおり、名詞は主語・目的語・補語になれます。名詞の働きの不定詞が英文のどこで使われるのかに注意しましょう。

確認しよう

▶不定詞が英文の主語になる文

・<u>To study English every day</u> is very important.
　　　　　　S　　　　　　　　　　V　　　　C

　　　　　　　　　　　「毎日英語を勉強する**ことは**、とても大切です」

▶不定詞が英文の目的語になる文

・He likes <u>to look at the stars at night</u>.
　S　V　　　　　　　　　O

　　　　　　　　「彼は、夜に星を見る**のが**好きです」

▶不定詞が英文の補語になる文

・<u>My dream</u> is <u>to be a professional baseball player</u>.
　　　　S　　　　V　　　　　　　　　C

　　　　　　　　「僕の夢は、プロ野球選手に**なることです**」

　　不定詞が補語になる例文以外は、日本語訳が動名詞のと
　　きと同じですね。

　そうです。その理由はあとで説明しますね。

　第14節の動名詞と同じなのですが、これらの不定詞が英文のSやOやC
のどれとして用いられているのか、文の構造を確認して、意味を確定させ
ましょう。

　動名詞のときと同様、〈to＋動詞の原形〉からどこまでを「意味のかた
まり」として下線を引けるかがポイントです。動詞はどんな語形になって
も、そのあとに続くものはいつも同じでしたね。「V（時制）を見つければ、
文の構造がわかる♪ ➡ **第14節** **英語の** **ツボ50**」も覚えていますか？

◆**不定詞が主語の文の書き換え：形式主語の it**

　上の「不定詞が英文の主語になる文」を見てください。不定詞に続くか
たまりが長いですね。英文は長い主語はきらわれる傾向にあり、不定詞の
主語は好まれません。

　そこで、とりあえず仮の主語としてit（形式主語）を置いて、あとで本
当の主語（真主語）を不定詞で書きます。

To study English every day is very important.
　　　　　　　　S　　　　　　　　　V　　　　C

It is very important **to study English every day**.
形式主語 -▶ 真主語

「毎日英語を勉強することは、とても大切です」

英語の ツボ㊾

■ **It は代名詞の中でも特別♪**
　① **前にある単数名詞を受ける。**
　② **受ける名詞がなく、時刻・曜日・天候などを述べるとき**
　　 の主語にする。
　③ **it の内容があとに書いてある。**
　▶ ②と③は、他の代名詞にはない用法です。

　もう少し練習してから、不定詞と動名詞のちがいを説明します。動名詞
のときと同じ並べ替えの練習問題を解いてみましょう。

練習問題

次の日本語に合うように、(　　　)内の語句を並べかえなさい。
(1) 彼は電話で先生と話し始めました。
　　He (his teacher / talk / to / with / on / started) the phone.
(2) 父の望みは世界一周旅行です。
　　My (travel / is / the world / hope / to / father's / around).
(3) 英語で手紙を書くことは簡単です。
　　(English / letters / write / easy / to / in / is / it).

解答

(1) started to talk with his teacher on
(2) father's hope is to travel around the world
(3) It is easy to write letters in English

語句 (2) travel「旅行する」／ world「世界」／ around「〜を一周して」

176

解説

今までどおり、S→V→OやCの順に単語を並べていきましょう。

(1)He startedがSVです。startedは過去形で、時制がありますね。startの目的語が「電話で先生と話す」の部分ですから、talkが名詞になったto talkから「意味のまとまり」が始まります。talkもto talkも、あとに続くものは同じです。talkは圓なので、後ろに〈前置詞＋名詞〉の修飾語を2つ置きます。

            (V)   (M)   (M)

He started to talk with his teacher on the phone.

S   V   O

(2)My father's hope isがSVです。このhopeは動詞ではなく、名詞ですよ。時制があるのは、現在形のisですからね。補語の名詞が「世界一周旅行」の部分なので、travelが名詞になったto travelからまとまりが始まります。to travel around the world全体がbe動詞の補語です。

               (V)   (M)

My father's hope is to travel around the world.

    S   V   C

(3)主語は「英語で手紙を書くこと」です。「書くこと」つまりto writeから「意味のまとまり」が始まるのでしたね。「英語」から書いてはいけませんよ！ 動名詞のときと同じです。to writeのあとは、writeの目的語、修飾語と続きます。長い主語ができあがったら、ようやく動詞のisが書けますが、itがあるので、これを形式主語にして本当の主語は後回しにします。

            (V)   (O)   (M)

It is easy [to write letters in English].

S V C   真主語

形式主語

不定詞の名詞的用法と動名詞は、何が同じで何がちがうのでしょうか。

英文で名詞を用いるところはS・O・Cですから、これらはいずれも不定詞と動名詞のどちらも用いることができます。

ただ、前置詞のあとの名詞として不定詞を用いることはできません。それは不定詞のtoが、もともと前置詞のtoだったことが理由です。たとえば、×Thank you for to call me. は、forとto、前置詞が2つ並んでいるように見えるので正しくない英文です。

もう1つのちがいとして、意味的なちがいがあります。

> 名詞だから、どちらも「〜すること」という意味ですよね？
> 先ほどの訳を見ても、意味にちがいは感じられませんが。

そうですね、「言葉のなかにかくされた本来の意味」と表現したほうがいいですね。〈to＋動詞の原形〉は、前にも出てきたと思いますが、どこで学んだか覚えていますか？

> **be going to や be able to、have to ですか？**

そうですね。 第**4**節 のbe going toのときの説明を思い出してください。toは本来、方向を表す前置詞です。〈am / are / is＋going to〉は「〜の方に向かっているところ」を表し、toの後ろが名詞なら、のちにその場所に着くことになるし、toの後ろが動詞なら、のちにその動作をして、その状態になる、ということでした。

第**4**節 でも「不定詞」という言葉を出しています。つまり、不定詞で表すことは、「これからすること」という意味があります。have toもこれで納得できると思います。「これからすることを持っている」わけですから、「〜しなければならない」という意味になってきますよね。

一方、動名詞で表すことは、「進行中、もしくはすでにやったこと」という意味があります。なぜなら、動詞の-ing形は進行形で用いた語形ですか

らね。

　不定詞と動名詞の方向性のちがいは、とても大事です。そのため、いくつかの動詞は、その目的語に、不定詞だけ、動名詞だけ、という規制があります。

◆不定詞と動名詞のちがい

	不定詞	動名詞
動詞の目的語	【未来志向】 want / would like「～を欲する」 hope「～を望む」 decide「～を決心する」	【過去志向】 enjoy「～を楽しむ」 finish「～を終える」 stop「～をやめる」
前置詞の目的語	×	○

確認しよう

・I want to read this book. 「私はこの本を読みたい」
・I enjoyed reading this book. 「私はこの本を読んで楽しみました」

　enjoy / finish / stopは、**目的語は動名詞のみ**です。「楽しむ」「終える」「やめる」ためには、それ以前に何か行動していないといけませんね。だからその行動を動名詞で表現するのです。

　一方、want[would like] / hope / decideは、目的語は不定詞のみです。「欲する」「望む」「決心する」内容は、これから行動することです。その行動を不定詞で表現するのです。

　likeやbeginの目的語は、不定詞も動名詞もどちらも可能です。

▶ wantのイコール表現として載せてあるwould likeは、現在形wantの丁寧表現です。 第5節 で話したように、wouldはwillの過去形で、過去形の助動詞を使うことによって、現在の意味を丁寧に表しています。

　want[would like]に〈to＋動詞の原形〉がつくと「～することを欲する」→「～したい」という意味になりますが、〈enjoy＋動詞の-ing形〉と同様、決して熟語ではありません。熟語のように覚えてもらってもかまいませんが、動詞の目的語を不定詞で表しているという意識、不定詞から「意味のまとまり」が始まっているという意識を必ず持ってください。あえて、動名詞の説明で話したことをくり返して述べました。

▶**動名詞は過去志向**

・My hobby is listening to music on the radio.

「私の趣味は、ラジオで音楽を聞くことです」

▶**不定詞は未来志向**

・My dream is to be a professional baseball player.

「僕の夢は、プロ野球選手になることです」

補語に動名詞や不定詞を用いる例文の内容を改めて見てください。「趣味」はもう行動をしているので、動名詞のほうが自然だな、「夢」はこれからかなえていくことなので、不定詞のほうが自然だな、という使い分けです。

それでは、不定詞と動名詞の使い分けの練習問題をやりましょう。

■ 練習問題 ❶ ◀

次の英文の（　　）内から適当な語句を選びなさい。

(1) The students finished (to clean, cleaning) their classroom.

(2) She decided (to study, studying) English hard every day.

(3) I (enjoy, hope) to see you at the party.

(4) My brother (would like, likes) watching a soccer game on TV.

■ 解 答 ◀

(1) cleaning ／「生徒たちは教室をそうじし終えました」

(2) to study ／「彼女は毎日英語を一生懸命勉強することを決心しました」

(3) hope ／「私はパーティーであなたに会うことを望みます」

(4) likes ／「わたしの兄［弟］はテレビでサッカーの試合を見ることが好きです」

語句 (3) party「パーティー」 (4) soccer game「サッカーの試合」

■ 解 説 ◀

不定詞は未来に向かう意味、動名詞は過去に向かう意味であることを思い出し、それぞれの動詞やその目的語に着目しましょう。

(1) finish「〜を終える」は過去に向かう意味なので、目的語は動名詞をとります。

（2）**decide**「～を決心する」は未来に向かう意味なので、目的語は不定詞をとります。

（3）**hope**「～を望む」は未来に向かう意味なので、目的語は不定詞をとります。

（4）would like と like は別物です。would like が want の丁寧表現だったことを思い出しましょう。would like は後ろに不定詞をとります。後ろに続く目的語 watching は動名詞なので likes を選びます。

練習問題 ②

次の日本語に合うように、（　　）内に適当な語を書きなさい。

(1) 彼は新しい車を買いたがっています。

　 He (　　　　)(　　　　)(　　　　) a new car.

(2) 彼らは、オーストラリアに行こうと決心しました。

　 They (　　　　)(　　　　)(　　　　) to Australia.

(3) 私のネコは、ソファに横たわるのが好きです。

　 My cat (　　　　)(　　　　) on the sofa.

解答

(1) wants to buy　　(2) decided to go　　(3) likes lying

語句　(2) Australia「オーストラリア」

解説

　時制のある V の部分と、その目的語である不定詞や動名詞の語形に注意しましょう。

　(1)「～を買いたい」→「～を買うことを欲する」なので、**want** を用います。want は不定詞を目的語にとるので、to buy が続きます。

　(2)「行こうと決心する」→「行くことを決心する」なので、decide を用います。**decide** は不定詞を目的語にとるので、to go が続きます。

　(3)「～が好きだ」は like です。**like** は動名詞も不定詞も目的語になれますが、空所の数から動名詞が適当です。

練習問題 ③

次の（　　）内の語句を並べかえ、意味の通る英文にしなさい。また、できた英文を日本語になおしなさい。

(1) She (like / to / look / her mother / wants).

(2) They (their child / name / Ken / to / decided).

(3) He (tell / to / to / me / tried / the station / the way), but he couldn't.

(4) I (do / to / my homework / need).

(1) wants to look like her mother ／彼女はお母さんのように見られたいと思っています。

(2) decided to name their child Ken ／彼らは自分たちの子どもをケンと名付けようと決心しました。

(3) tried to tell me the way to the station ／彼は駅への行き方を私に教えてくれようとしましたが、できませんでした。

(4) need to do my homework ／私は宿題をする必要があります。

解説

「動詞はどんな語形になっても、後ろに続く形は一定♪ ➡ 第14節 英語の ツボ㊽」も少しずつ定着してきたと思いますので、文型の節で扱った動詞も登場させながら、日本語訳なしで並べ替えてみましょう。時制のわかる形がVです。

(1)主語が三人称単数なので、Vはwantsです。wantは他で、目的語は不定詞です。そうすると、第2文型の〈look like＋名詞〉が見えてくると思います。

(2)Vは過去形のdecidedです。decideは他で、目的語は不定詞です。このnameは名詞ではなく、「OをCと名付ける」の意味の第5文型の動詞です。nameのとるCは固有名詞です。

(3)Vは過去形のtriedです。「～をやってみる」という他です。tellは第4文型の動詞で〈tell＋人＋物〉です。the way to ～で「～への行き方」の意味なので、tell me the way to the stationとなります。これを不定詞にしてtriedの目的語にします。

(4)この選択語句には時制のわかる動詞がありません。doとneedはどちらも原形の可能性と現在形の可能性があります。ですが、だからこそあとに続くものに興味を持つことが大事です。homeworkがあるのでdo my homeworkのかたまりが見えてきます。needは「～が必要だ」という他

ですから、needの目的語が「宿題をする」になりそうです。

▶この文はI have to do my homework. と同じ意味です。have to ～は「～することを持っている」がもとの意味です。

問題の(3)ですが、「～への行き方」は 第13節の チャレンジ問題 で〈how to get to ～〉という表現の説明がありました。to のあとに動詞の原形が続いているので、これも不定詞だったのですか？

　そのとおりです。不定詞の前に疑問詞をつけたものが、tellの〈物〉にあたる目的語になっているので、まさに名詞の働きの不定詞です。 第13節 のときより、少し理解しながら覚えられそうですね。(3)をhow to get to を使って表すと、He tried to tell me how to get to the station, but he couldn't. になりますよ。

　次は、作文の例題を解いてみましょう。

例題

次の日本語を英語になおしなさい。
　　A：あなたは将来、何になりたいですか。
　　B：科学者です。

解　答

What do you want to become in the future?---I want to become a scientist (in the future).

語句　in the future「将来」／ scientist「科学者」

解　説

　まずはSから考えましょう。Sはyou、動詞はwant、目的語は不定詞です。 第2文型 でbecomeとgetの2つの「～になる」を学びました ➡ 第12節 。「科学者になる」わけですから、あとに名詞を置くことのできる「～になる」becomeを選び、不定詞にします。あとの名詞が疑問詞whatになって文頭に移動です。

「将来」は in the future で時制は未来になるので、**What will you want to become in the future?** これでどうですか？

よく考えられていますが、少しちがいます。時制がちがいますね。

「将来」は未来ですよね？

たしかに「将来」は未来ですが、今考えないといけないのは、want の時制ですよ。in the future は want にかかるのではなく、become にかかっているのではありませんか？

そういうことですか！ 「将来何になりたいか」という「今の気持ち」を聞いているのですね。

そのとおりです。これが、不定詞の未来に向かう意味です。不定詞にはこのように未来を表す副詞がよくついてきます。つまり、不定詞から始まる「意味のまとまり」は以下のようになります。

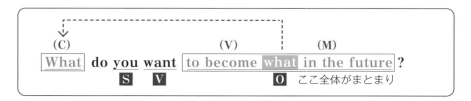

未来の文で be を用いると、「〜になる」という意味になります→ 第**4**節 **3** の 練習問題 **1** (3)。不定詞は未来のことを表すので、ここは become ではなく、be でも大丈夫です。

チャレンジ問題

次の日本語を英語になおしなさい。

(1) 明日は雨がやむでしょう。

(2) 中国語を話すことは難しい。

解 答

(1) It will stop raining tomorrow.

(2) It is difficult to speak Chinese. [Speaking Chinese is difficult.]

解 説

(1)「雨がやむ」は 第14節 で学習しましたね。天候なのでitを主語にして、動詞はfinishではなくstopを用います。stopは目的語が動名詞なので、rainingにします。

(2)主語は「中国語を話すこと」です。不定詞でも動名詞でも表せます。To speak ChineseもしくはSpeaking Chineseです。ただし、不定詞主語はあまり好まれないので、不定詞を使う場合は、形式主語を用いて書くようにしましょう。

第16節 不定詞(2) 副詞的用法

■■イントロダクション■■

☑ 不定詞の名詞的用法と副詞的用法を区別する ▶1

☑ 「目的」を表す不定詞の副詞的用法の働きを理解して文を作る ▶1

☑ 「感情の原因」を表す不定詞の副詞的用法の働きを理解して文を作る ▶2

☑ 「感情の原因」を表す副詞的用法と共に使われる「感情を表す形容詞」を覚える ▶2

　今回は、不定詞〈to＋動詞の原形〉の副詞的用法を学びます。副詞的用法には動詞を修飾して「目的」を表す用法と、「感情の原因」を表す用法があります。

レッスン1 不定詞の副詞的用法：目的「〜するために」

　いきなりですが、ちょっとしたクイズ形式の例題から始めましょう。

例題

次の英文の ☐ の部分には、名詞・副詞のどちらが入りますか。理由も答えてください。

(1) I like ☐ .

(2) I came ☐ .

(3) I use a computer ☐ .

解答

(1) 名詞／like が他だから。

(2) 副詞／come が圓だから。

(3) 副詞／use は第3文型のふつうの他で、すでに目的語にあたる名詞 a computer があるので、そのあとは副詞になるから。

解説

第8節 の接続詞を学習したときにも、同じようなクイズ形式の例題をやりました！　そのときも、名詞と副詞を区別しました。

　英語の勉強は同じことのくり返しです。逆にいうと、基礎ができてしまうと、あとは同じように理解できるということです。

(1) **I like** のあとは名詞です。理由は like が 他 だから。
(2) **I came** のあとは副詞です。理由は come が 自 だから。
(3) **I use a computer** のあとは副詞です。理由は、use は第3文型のふつうの 他 で、すでに目的語にあたる名詞 **a computer** があるので、そのあとは副詞になるからです。

　すばらしいです！　 自 と 他 の区別はとても大事です。改めてもう一度言いますよ。「 他 のあとは名詞♪　 自 のあとは副詞♪ ➡ 第8節 **英語の ツボ㉛**」です。実は、 □ の部分には、すべて to study English を入れることができます。
　(1)の文は、I like to study English.「私は英語を学ぶことが好きです」で、不定詞〈to ＋動詞の原形〉の名詞的用法を使った文です ➡ 第15節。
　(2)と(3)には、この部分に副詞が入ります。今回勉強する不定詞の副詞的用法を用いた文です。

確認しよう

・I came to study English.「私は英語を勉強しに来ました」
・I use a computer to study English.
　　　　「私は英語を勉強するためにコンピュータを使います」

「準動詞の性質♪ ①圓／佗の性質を保ったまま、「意味のまとまり」を作る♪ ②その「意味のまとまり」は、名詞・副詞・形容詞の働きをする♪ ➡ 第14節 英語の ツボ❼」でしたね。それを理解していれば、準動詞である不定詞のto study Englishが、名詞の役割になっても副詞の役割になっても、大丈夫ですよね！

目的を表す不定詞の副詞的用法は、「〜するために」と訳します。

不定詞は未来に向かう意味です。toは「〜の方向に向かっているところ」という意味があるので、動詞を修飾するように訳すと「〜するために」となります。

準動詞を理解するポイントは、「意味のまとまり」として下線を引ける部分を見つけられるかどうかです。文中の「意味のまとまり」に下線を引きながら、例題を解いていきましょう。

例題

次の英文を日本語になおしなさい。

(1) I went to the library to read a book.

(2) To get up early is important.

(3) To do my homework I got up early.

解答

(1) 私は本を読むために図書館に行きました。

(2) 早起きは大切です。

(3) 宿題をするために私は早く起きました。

語句 (2) important「大切な」

解説

(1) goは圓です。圓のあとは副詞なので、to read a bookは副詞の働きの不定詞です。

> **I** <u>went</u> to the library <u>to read a book</u>.
> 　圓 ◄----------------- 不定詞の副詞的用法

(2)isがVです。その前のTo get up early、ここが主語ですね。これは 第15節 で学んだ不定詞の名詞的用法が主語の文です。

> To get up early is important.
>   S   V
> 不定詞の名詞的用法

(3)(2)と同様、文頭に不定詞がありますが、主語になる名詞の働きだと早合点してはいけません。

「V（時制）を見つければ、文の構造がわかる♪ ➡ 第14節 **英語の** **ツボ㊿**」を思い出してください。逆にいうと、主語から探さないということです。

英語の **ツボ㊙**
■SのあとにVがある、のではなく、Vの前にSがある♪

Sから探すと文全体が視野に入ってきませんが、Vから探すと文全体が視野に入ってくるのです。

この文のVはどれですか。

> gotです。

そうですね。そうすると、Sは何ですか？

> その前ですよね…To do my homework I…あれ？　だめです！　I はこれだけで主語なので、「意味のまとまり」にならないです。ということは got の主語は I、主語の前にあるのは何でしたか？

接続詞のところでも学習しましたね。<u>副詞は文頭・文末・notの位置で</u>すよ→ 第**2**節 ・ 第**8**節 。to do my homeworkという副詞の働きの不定詞が主語の前に出た文です。

> <u>To do my homework</u> I got up early.
> 　不定詞の副詞的用法　　 **S** **V**

レッスン**2**　不定詞の副詞的用法：感情の原因「〜して」

　もう１つクイズ形式の例題をやってみましょう。

例題

次の英文の□□□の部分には、名詞・副詞・形容詞のどれが入りますか。理由も答えてください。

　I'm glad □□□□□□□□□ .

> **I'm glad** は、ＳＶＣですね。**glad** は形容詞ですから、Ｃです。そうすると、副詞しかありえないですね。

　はい、そのとおりです。この場合は「〜するために」ではなく、「〜して」と感情の原因を表する語句が入ります。gladの原因を述べる部分ですね。

確認しよう

> ・I'm glad to see you.　　「あなたに会えてうれしいです」

　それでは感情を表す形容詞を覚えましょう。頭に入れやすいように、２＋３＝５と数でも覚えてください。これらの形容詞を見たら、「あとに不定詞が続くぞ！」と思ってくださいね。

◆感情を表す形容詞

意味	感情を表す形容詞	
「うれしい」	「うれしい」の意味2語	glad
		happy
「驚いている」	頭文字がsの3語	surprised
「悲しい」		sad
「申し訳ない」		sorry

練習問題

次の文を、不定詞を用いて英語になおしなさい。

(1) 彼女はその知らせを聞いて、驚きました。

(2) 遅れてしまってごめんなさい。

解答

(1) She was surprised to hear the news.

(2) I'm sorry to be late.

解説

　感情を表す形容詞のあとに不定詞〈to＋動詞の原形〉を置き、感情の原因を表します。

　(1) 「～して驚きました」はwas surprised to ～で表します。

　(2) 「～してごめんなさい」はI'm sorry to ～で表します。lateは形容詞なので、beを忘れないように。

　今回は「不定詞を用いて」という指示があるのでこのような答えになりますが、もし指示がなければ、She was surprised when she heard the news. でも同様の意味が表せます。to hear the newsもwhen she heard the newsも結局は副詞の働きですからね。いろいろな書き方ができるようになるといいですね。

　最後に、時制を考えながら、不定詞の名詞的用法と副詞的用法を用いた問題を解いてみましょう。

次の日本語を英語になおしなさい。

(1) あなたは明日、どんなスポーツをしたいですか。

(2) 彼は明日、おじいさんのお見舞いに病院に行く予定です。

解 答

(1) What sport(s) do you want to play tomorrow?

(2) He will go to the hospital to <u>see</u>[visit] his grandfather
　　 tomorrow.

語句 (1) sport「スポーツ」 (2) hospital「病院」／ grandfather「おじいさん」

解 説

　(1)不定詞の**名詞的用法**の文にします。**第15節**の **例題** で一緒に解いた文を思い出してください。「明日」とありますが、「スポーツをしたい」と思っているのは現在なので、wantの時制は現在です。

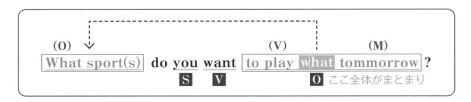

　(2)この文は、SはHe、Vはgoで、goするのが明日なのだから、時制は未来です。goは圓なので、不定詞の**副詞的用法**を用います。「おじいさんを見舞う」はsee[visit] his grandfatherを用います。

MEMO

☑ 〈前置詞＋名詞〉は副詞と形容詞の働きがあることを知る ▶1
☑ 主な前置詞の使い方を覚える ▶1

　今回は、 第18節 の「不定詞の形容詞的用法」の学習のために、〈前置詞＋名詞〉が形容詞の働きもすることを学びましょう。

レッスン1　〈前置詞＋名詞〉の2つの働き

次の2つの文は何がちがうと思いますか？

> ・The girl is playing outside with the dog.
> ・The girl with the dog is playing outside.

with the dog の位置がちがいますね。

はい、そうですね。それによって何がちがうでしょうか。

結局は同じではないですか？　女の子がいて、外でイヌと遊んでいるということですよね？

　文の構造を意識しないで、単語の意味だけをつなぎ合わせて訳していますね。文の構造を理解するためには、何を探すのでしたか？

V です。

そうですね。Vが見つかれば、その前がSになります。2つの文の主語がわかりますね。

> 1つ目の文は the girl、2つ目の文は the girl with the dog ですか？

はい、そうです！　the girl with the dogを訳せますか？　この部分全体が主語ですよ。

> 〈前置詞＋名詞〉は「意味のまとまり」でしたよね。これは副詞の働きだったので、名詞は修飾できないはずです。

第13節 の チャレンジ問題 （p.159）で扱ったCould you tell me the way to the station?「駅への行き方を教えてくれませんか」の文を説明したときに少しふれましたが、〈前置詞＋名詞〉は副詞の働き以外に、形容詞の働きもあるのです。「「節」やその他の「意味のまとまり」は、同じ形で一人3役（名詞・副詞・形容詞）をこなす♪ ➡ 第9節 英語の ツボ36」と説明したのを思い出してください。

〈前置詞＋名詞〉は時制がないので、「節」ではなく「句」です。さすがに〈前置詞＋名詞〉には名詞と同じ働きはなく、副詞の働きと形容詞の働きがあるのです。2つの働きがあることを知ってください。

そして、ここからが初めての内容です。**句や節などの2語以上の語句が名詞を修飾するときは、必ず名詞の直後から**です。日本語とはちがいますね。

日本語と英語の語順のちがいは、簡単に話すと次の2つです。

英語の ツボ54
■**日本語とちがう英語の語順♪**
　①**主語のあとに動詞♪**
　②**句や節で名詞を修飾するときは、直後から♪**

次の 第18節 は、不定詞が形容詞として働く形容詞的用法を学習します。不定詞は「句」ですから、必ず名詞を後ろから修飾します。不定詞の形容詞的用法は少し難しいので、先に語順のルールだけでも知っておいたほうが理解しやすく、あえてここでは前置詞だけを集中的に学習していきますよ。

　これで、最初の２つの英文の意味がわかりましたね。

確認しよう

▶〈前置詞＋名詞〉が副詞の働きの文
・The girl is playing outside with the dog.
　　S　　　　V　　　　　　　　　　　▶動詞を修飾

　　　　　　　　　　「その女の子は、イヌと外で遊んでいます」

▶〈前置詞＋名詞〉が形容詞の働きの文
・The girl with the dog is playing outside.
　　S　▶前の名詞 the girl　　　V
　　　　を修飾

　　　　　　　　　「イヌを連れているその女の子は、外で遊んでいます」

◆主な前置詞

時を表す前置詞	at＋時刻／on＋日／in＋月・季節・年
場所を表す前置詞	at＝点／on＝接触／in＝空間
手段を表す前置詞	in＋言語／by＋交通手段／on＋電源を入れるもの／with＋道具
その他の前置詞	along「〜に沿って」／across「〜を横切って」／through「〜を通り抜けて」／around「〜を回って」

練習問題 ❶

次の日本語に合うように、（　　）内の語句を並べかえなさい。

(1) ４月４日付けの手紙 (April 4 / the letter / on)

(2) 壁にかかっている絵 (on / the picture / the wall)

(3) 川沿いの道 (the river / along / the road)

(4) フランス語で書いてある本　(in / the book / French)

(5) 青い目の人形 (the doll / blue / with / eyes)

【解答】

(1) the letter on April 4
(2) the picture on the wall
(3) the road along the river
(4) the book in French
(5) the doll with blue eyes

【語句】(3) road「道」(4) French「フランス語」(5) doll「人形」／blue「青い」／eye「目」

【解説】

　日本語は、修飾語がどんなに長くても前から名詞を修飾します。英語は、長い修飾語の場合は名詞を後ろから修飾します。日本語で最後に書いてある名詞が、英語では最初になります。日本語、英語それぞれ、名詞を修飾している部分を（　　）でくくりましょう。対照的なのがよくわかりますよ。

(1)〈on＋日付〉がletterを修飾します。

（4月4日付けの）手紙　the letter (on April 4)

(2)〈on＋名詞〉がpictureを修飾します。

（壁にかかっている）絵　the picture (on the wall)

(3)〈along＋名詞〉がroadを修飾します。

（川沿いの）道　the road (along the river)

(4)〈in＋言語〉がbookを修飾します。

（フランス語で書いてある）本　the book (in French)

（5）〈with＋名詞〉がdollを修飾します。このwithは「〜を持っている」の意味です。

> (青い目の) 人形　the doll (with blue eyes)

次の日本語に合うように、（　　　）内の語句を並べ替えなさい。
　私は友人のひとりとテニスをしました。
I (friends / one / tennis / played / with / of / my).

解 答

played tennis with one of my friends

解 説

　練習問題 ❶ で解いたように、名詞を修飾している部分を（　　　）でくくり、それ以外の骨組みの部分から書くことがポイントです。修飾語は結局あってもなくてもよい部分です。これを後回しにすることが大事です。

英語の ツボ㊿
■英文は骨組みから書く（修飾語は後回し）♪

　「友人の」が（　　　）でくくった部分になり、「ひとり」を修飾しています。「私は（友人の）ひとりとテニスをしました」となり、骨組みはI played tennis with oneです。
　前置詞ofは「〜のうちの…」という意味で、「全体から部分を切り取る」という意味です。ofの前が〈部分〉、of 以下が〈全体〉です。この〈全体〉の表し方がとても重要です。このような場合は必ず**特定複数名詞**で表します。全体がはっきり決まるから部分を取り出せる、という考え方です。特定名詞とはどのようなものでしたか？　There is 〜 . のところで説明しましたよ➡ **第11節**。

the や所有格がつく名詞ですね。

そうです。今回もfriendsという複数名詞に所有格myがついていますね。

> 私は（友人の）ひとりとテニスをしました。
>
> I played tennis with one（of my friends）.
> ofの前 部分　　ofの後 全体 ＝特定複数名詞

練習問題 ❷

次の日本語に合うように、（　　　）内の語句を並べかえなさい。

(1) 私は中国での滞在を楽しみました。

　　I (stay / China / enjoyed / my / in).

(2) 彼はアメリカ出身の生徒です。

　　He (America / student / from / a / is).

(3) 机の上の赤いペンは私のものです。

　　(desk / pen / mine / red / the / the / is / on).

解答

(1) enjoyed my stay in China

(2) is a student from America

(3) The red pen on the desk is mine

語句 (3) red「赤い」

解説

(1)enjoyの目的語はstayです。これは名詞ですよ。もし動詞なら、enjoyの目的語なので動名詞になるはずです。ですから、この名詞stayに所有格myがつき、stayを後ろからin Chinaで修飾します。

私は（中国での）滞在を楽しみました。

I enjoyed my stay (in China).

(2)He is a student. が骨組みです。a student を from America で後ろから修飾します。

彼は（アメリカ出身の）生徒です。

He is a student (from America).

(3)骨組みは The red pen is mine. です。red は1語の形容詞なので、日本語のように前から pen を修飾します。これは 第2節 で説明しましたね。この pen を on the desk で修飾します。pen の直後に置いてくださいね！

（机の上の）赤いペンは私のものです。

The red pen (on the desk) is mine.

　p.198の 例題 と最後の 練習問題 ❷ は、それぞれ、前置詞の目的語、O、C、S、の名詞に、後ろから〈前置詞＋名詞〉をつけて修飾した英文です。

MEMO

不定詞（3）形容詞的用法

■■■■ イントロダクション ■■■■

☑ 不定詞の形容詞的用法の働きを理解して文を作る ▶ **1**
☑ 不定詞の名詞的用法・副詞的用法・形容詞的用法を見分ける ▶ **2**

今回は、不定詞の３つ目の用法、形容詞的用法を学びます。

レッスン **1** 不定詞の形容詞的用法

「句や節で名詞を修飾するときは、直後から♪ ➡ **第17節** 英語の **ツボ54**」
ということを **第17節** で学びました。不定詞は〈to ＋動詞の原形〉なので、
最低でも２語は必要ですから、**必ず名詞を後ろから修飾**します。また、不
定詞は未来に向かう意味なので、名詞を修飾する**不定詞の形容詞的用法**は、
「**～するための…；～すべき…；～しなければならない…**」のような訳し
方になります。

たとえば、「読むべき本」の名詞を修飾している部分を（　　）でくく
ると「（読むべき）本」になりますから、「本」から先に書くことになり、a
book（to read）と表します。

◆ something の語を修飾するときの語順

１語の形容詞は、前から名詞を修飾しますが、something「何か」など
の some- ／ any- ／ no- から始まる不定代名詞は例外で、<u>不定代名詞のあ
とに形容詞を置きます</u>。

something はもともと〈some と thing〉が合わさってできた単語なの
で、some から名詞のかたまりが始まるほうが自然なのでしょう。なお、否
定文・疑問文では anything を用いますが、語順は同じです。

> ▶ some- ＋形容詞＋ to ＋動詞の原形
> some**thing** **hot** to drink 　　「何か温かい飲み物」

第17節 と同じように、少し練習してみましょう。

練習問題 ❶

次の日本語に合うように、（　　）内の語句を並べ替えなさい。

(1) 読むための物　　　　（ read / something / to ）

(2) おもしろい読み物　　（ read / something / to / interesting ）

(3) 読むのに興味深い物　（ read / some / things / to / interesting ）

(4) 私を助けてくれる人　（ help / someone / me / to ）

(5) 音楽を聞く時間　　　（ listen / time / music / to / to ）

解 答

(1) something to read

(2) something interesting to read

(3) some interesting things to read

(4) someone to help me

(5) time to listen to music

解 説

(1)先ほどの「読むべき本」のa bookがsomethingになっただけです。

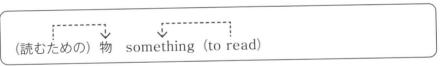

（読むための）物　something（to read）

「（読むための）物」の「物」にあたるのがsomethingです。「何か」という意味の不定代名詞です。「不定代名詞」という名前はここでしか使わないので、覚えなくても大丈夫です。

(2)不定代名詞somethingなので〈something＋形容詞＋to＋動詞の原形〉の語順になります。

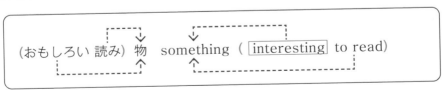

（おもしろい 読み）物　something（ interesting to read）

形容詞interestingはsomethingの後ろに置き、さらにto readは「2語以上の語句」なのでinterestingのすぐあとに置きます。

(3)(2)のsomethingは不定代名詞で複数形にはなりませんが、(3)の

203

thingはふつうの可算名詞なので、複数形になります。別物と理解してください。〈数量形容詞＋形容詞＋名詞〉の順となり、to readはこの名詞の後ろから修飾します。

（読むのに）興味深い物　some interesting things（to read）

(4)「（私を助けてくれる）人」なので、someone（to help me）です。
(5)「（音楽を聞く）時間」なので、time（to listen to music）です。

◆**不定詞句内に残る前置詞**

不定詞の形容詞的用法の文で使われる前置詞で重要なところを、 例題 を解きながら説明します。

例題

次の日本語に合うように、（　　　）内の語句を並べ替えなさい。
　　住むための家（ in / live / a house / to ）

解答

a house to live in

解説

「（住むための）家」なので、**a house** を **to live** で修飾すると思いますが、前置詞の **in** が余ります。前置詞のあとに続くはずの名詞が１つないみたいです。

そうですね。不定詞で名詞を修飾するとき、無条件に名詞を修飾しているのではありません。準動詞でまず確認した「動詞はどんな語形になっても、後ろに続く形は一定♪ ➡ 第14節 英語の ツボ48 」を、思い出してください。

先ほどの 練習問題 ❶ の(1)〜(3)で何か気づきませんでしたか？　不定詞はすべて to read です。その前にある語句は something / something interesting / some interesting things ですね。

不定詞の前の修飾される名詞は変わっているのに、to の
あとはいつも read で終わっています。

では、read は⑩でしたか？　⑪でしたか？

read a book と言いますから、⑩です。よく見たら、本
来目的語で後ろになくてはならない名詞が、前に移動し
ていますね！

　形容詞的用法の不定詞のポイントは、まさにそこなのです！　**修飾され
る名詞**は、もともと**不定詞になっている動詞の目的語**なのです！
　そうするとこの 例題 の in の秘密がわかります。live は⑩ですか、⑪
ですか？　「家に住む」は英語で何と言いますか？

「住む」は「何を？」と聞きませんから、live は⑪で、「家
に住む」は live in a house になると思います。

　そのとおりです。ですから、a house が修飾される名詞となって前に移
動するので、「（住むための）家」は、a house（to live in）です。一見す
ると、前置詞 in のあとに名詞がないように見えますが、ちゃんとあるので
す！
　1 年生のとき、「移動」と「置き換え」の話をよくしました。たとえば、
What are you looking at? は、前置詞 at のあとの名詞を疑問代名詞に
置き換えて文頭に移動したものでした。なので、一見前置詞 at のあとには
名詞がないように見えますが、at のあとの名詞は what なのですね。それ
と同じことです。

```
        ┌ ─ ─ ─ ─ ─ ─ ─ ─ ─ ┐
        ↓                   ┆
  a house（to live in  ┌───┐ ）
                       └───┘
            ▶ live が⑪なので前置詞が残る
```

readは㊟、それとも㊞？ liveは㊟、それとも㊞？ とたずねましたね。最後に前置詞が残るかどうかは、動詞の性質によるものです。ですから、2年生の 第1節 で一番初めに述べた「動詞のあとにどんな品詞を置くかを意識することが大事♪ ➡ 第1節 英語の ツボ❸ 」は、どの内容を勉強するときにも必要なことであり、不定詞の形容詞的用法でも、「動詞はどんな語形になっても、後ろに続く形は一定♪➡ 第14節 英語の ツボ㊽ 」は守られているのです。

◆修飾される名詞と不定詞の関係

修飾される名詞と不定詞の関係は、ほとんどのものが目的語（O）と動詞（V）の関係です。

```
                              (O)         (V)
   〈O＋V関係〉の例   something （to read）
```

先ほどの 練習問題 ❶ の(4)はhelpのあとに目的語のmeがあるので、someoneとhelpは主語と動詞の関係になっています。

```
                         (S)        (V)    (O)
   〈S＋V関係〉の例   someone （to help me）
```

また、(5)のtimeとlistenにはOとV、SとVのどちらの関係もありません。決まった言い方として覚えておきたい表現なので、次のようにまとめておきます。

◆修飾される名詞と不定詞の関係

①O＋V関係 　（O＋V＋前置詞関係）	例　a book （to read）
	例　a house （to live in）
②S＋V関係	例　someone （to help me）
③決まった表現	〈time to ＋動詞の原形〉「～する時間」
	〈a way to ＋動詞の原形〉「～する方法」
	〈a chance to ＋動詞の原形〉「～する機会」

▶①の関係が一番多いです。

練習問題 ❶ などで扱った表現が含まれる形容詞的用法の不定詞の例文をあげておきます。

確認しよう

・I want something interesting to read.
　　　　　　　　　　「私はおもしろい読み物がほしい」

・My dog wants a house to live in.
　　　　　　　　　　「私のイヌは犬小屋をほしがっています」

・I need someone to help me.
　　　　　　　　　　「私を助けてくれる人が必要です」

・He had no time to listen to music.
　　　　　　　　　　「彼は音楽を聞く時間がありませんでした」

練習問題 ❷

次の日本語に合うように、(　　　)内の語句を並べ替えなさい。

(1) 私は食べ物がほしい。

　　(want / I / to / something) eat.

(2) 私に冷たい飲み物をください。

　　Give (cold / drink / something / me / to).

(3) あなたたちにあげたいプレゼントがあります。

　　(I / give / some presents / have / to) you.

(4) 私にはいっしょに遊ぶ友人がいません。

　　I (with / friends / play / no / have / to).

(5) 英語を勉強するよい方法を私に教えてください。

　　Please (English / study / a good way / tell / me / to).

解 答

(1) I want something to

(2) me something cold to drink

(3) I have some presents to give

(4) have no friends to play with

(5) tell me a good way to study English

「英文は骨組みから書く（修飾語は後回し）♪ ➡ 第17節 英語のツボ⑤」
でしたね。名詞を修飾している部分を（　　）でくくり、骨組みから書い
てみましょう。また、修飾される名詞と不定詞に、p.206の「修飾される
名詞と不定詞の関係」①②③のどの関係があるか、必ず確認してください。

(1) want の目的語は「食べ物」です。不定詞の名詞的用法を勉強すると、
やみくもに want to を書いてしまう人がいます。want to のあとは動詞の
原形ですね。この文の動詞の原形 eat は（　　）の外にありますよ。「食べ
物」は something to eat で、something を不定詞で修飾します。eat の
目的語が something であることを確認してください。

(2)〈give ＋人＋物〉が骨組みの文です。「人」は me、「物」が「冷たい
飲み物」です。うっかり cold drink と書かないように。ここでは drink は
動詞です。「飲み物」は something to drink で表し、形容詞 cold は、
something のあとに置きます。something と drink は O と V の関係です。

(3)「（あなたたちにあげたい）プレゼントがあります」なので、「プレゼ
ントがあります」にあたる I have some presents が骨組みです。この
presents を不定詞 to give you で修飾します。presents と give の関係は
O と V です。(2) で確認したように、give は〈give ＋人＋物〉の形で2つ
の目的語をとります。give you some presents の some presents が修
飾される名詞となって前に移動しています。

(4)「私には（いっしょに遊ぶ）友人がいません」なので、「私には友人
がいません」にあたる I have no friends が骨組みです。この friends を
不定詞で修飾します。to play with で with が最後に残るのは、「遊ぶ」の
意味の play は自だからですね。play with friends の friends が修飾され
る名詞で前に移動しています。

(5)「（英語を勉強する）よい方法を私に教えてください」なので、「よい
方法を私に教えてください」にあたる Please tell me a good way が骨
組みです。この way を不定詞で修飾します。これは、決まった言い方とし
て覚えてもらった a way to ～「～する方法」を用いたものです。way を

208

形容詞goodで修飾しているので、a good wayとなりました。

レッスン2 不定詞の3つの用法の区別

　では、ここから不定詞の用法の区別です。名詞的用法と副詞的用法だけなら、骨組みの文の動詞が㊀か㊁かで区別できましたが➡ 第16節、形容詞的用法が混じると、少し複雑になります。

　今回も例題を解きながら説明します。

例題

次の文の不定詞が、名詞的用法か副詞的用法か形容詞的用法かを答えなさい。

(1) I want to visit Kinkakuji.
(2) I went to Kyoto to visit Kinkakuji.
(3) I had a chance to visit Kinkakuji.
(4) There are many places to visit in Kyoto.

解 答

(1) 名詞的用法
(2) 副詞的用法
(3) 形容詞的用法
(4) 形容詞的用法

語句 (3) chance「機会」

解 説

(1)は「金閣寺を訪れたい」という意味で、**want**はあとに名詞がきたはずです。なので、名詞的用法です。(2)は「私は金閣寺を訪れるために京都に行きました」という意味で、「～ために」になるので副詞的用法ですね。

⑶は「私は金閣寺を訪れる機会がありました」という意味で、「訪れる」が「機会」にかかっているから形容詞的用法です！　⑷は「京都には訪れるためのたくさんの場所があります」という意味で、「訪れるための」が「場所」にかかるから形容詞的用法ですね！

　4問とも正解ではありますが、みなさん、訳すのが好きですね。「こと」と「ために」と「ための」で、どれが一番合うかな？　と考えていますよね。このやり方は、単語の意味をつなぎ合わせて訳している、つまり、日本語で考えているのです。「**文の構造がわかって初めて意味がわかる（日本語に訳せる）**♪→ 第14節 英語の **ツボ㊾**」でしたよね？

　文の構造とは無関係に訳せてしまうのは、今は単語の意味が簡単で、想像がつくからなのですよ。せっかく今まで英語の考え方を積み重ねてきたのだから、英語で考えてみましょう。

　今まで句や節を見つけたら、何をしてきましたか。その部分をあえて封印する、（　　）でくくる、ということをしてきたはずです。そこにもどりましょう。そのときに、どこまで「意味のまとまり」の下線を引けるのかを考えましたね。その前提になるのが「**動詞はどんな語形になっても、後ろに続く形は一定**♪→ 第14節 英語の **ツボ㊽**」でした。

　それぞれの文が、どんな構造なのか見ていきましょう。

⑴ I want（to visit Kinkakuji）.

⑵ I went to Kyoto（to visit Kinkakuji）.

⑶ I had a chance（to visit Kinkakuji）.

⑷ There are many places（to visit）in Kyoto.

　⑴は先ほど説明してくれたとおり、wantが⑩で、あとに名詞がくる動詞ですね。だから、名詞的用法です。

　⑵は、 第16節 までなら、goが⑲だからあとは副詞が続く、でよかったのですが、直前に名詞のKyotoがあるのに、なぜKyotoを修飾しないのか、ということを考えなければなりません。

　⑶は⑩haveの文です。今までなら、

> **I have a pen in my right hand.** 「私は右手にペンを持っています」
> S　V　O　　　　M

　で、Oのあとは動詞を修飾するMでした。なぜこの文では（　　）でくくった部分が副詞の働きにならないのかを説明しなければなりません。

　直前にある名詞を修飾できるかどうかを判断する基準は、①〈O＋V〉の関係、②〈S＋V〉の関係、③決まった言い方、の修飾される名詞と不定詞の関係です。

　(2)から確認しましょう。（　　）で封印した部分をちょっと開けて、Kyotoとvisitの関係を確かめます。visitの目的語は後ろのKinkakujiですから、Kyotoとvisitに〈O＋V〉の関係はありません。KyotoがKinkakujiを訪問することも不可能ですから、Kyotoとvisitに〈S＋V〉の関係もありません。Kyoto to ～という決まった言い方も当然ありません。これで、修飾される名詞と不定詞の3つの関係がないことが証明されました。つまり、Kyotoとvisitの関係は薄いわけです。ですから、この不定詞を副詞的用法で訳すとしっくりきますね。

　同じように(3)も確認しましょう。（　　）で封印した部分をちょっと開けて、a chanceとvisitの関係を確かめます。 a chance to ～「～する機会」、これは決まった言い方として覚えてもらったものですね。ですから、形容詞的用法です。

　このように一つ一つを説明できると、英語で考えられたという証拠です。「こと」「ために」「ための」と訳すと自然に思える理由も説明できていますね。修飾される名詞と不定詞の関係は、必ず頭に入れてください。

　これで、ずっと予告してきた「「節」やその他の「意味のまとまり」は、同じ形で一人3役（名詞・副詞・形容詞）をこなす♪ ➡ 第9節 英語のツボ㊱」を説明できました。同じto visit Kinkakujiが、動詞の性質や、名詞と動詞の関係を考えることによって、どの役割を演じているかがわかるようになりましたね。

　では、(4)がなぜ「ための」という訳になるか、説明できますか？

visit の目的語が後ろになくて、前に移動しているからです！　つまり、**不定詞の直前にある名詞 places と visit に〈O＋V〉の関係がある**から形容詞的用法です。

　そのとおりです！　さっき「意味のまとまり」を（　　）でくくったときに、in Kyoto を外しましたね。なぜなら visit は⑩なので、あとに in Kyoto が続かないからです。この in Kyoto は There is 〜. の文の修飾語です。いつもあるはずの名詞がない、この文では、⑩ visit のあとの名詞のことですが、これは、必ずどこかに移動しているのです。疑問詞になったり、修飾される名詞になったりします。この感覚はとても大事ですよ。

英語の ツボ㊱

■**いつもあるはずの名詞がない→必ずどこかに移動している♪**

　あるべき名詞が、修飾される名詞としてどこに移動しているのかを考えてくださいね。

練習問題 ❶

次の日本語に合うように、（　　）内の語句を並べ替えなさい。
(1) これらの本を入れる箱がほしい。
　　I want (these books / put / a box / in / to).
(2) この箱の中に入れる本を探しています。
　　I'm looking (a book / put / this box / in / to / for).

解答

(1) a box to put these books in
(2) for a book to put in this box

語句　(1) box「箱」

解説

　どんな問題であっても、骨組みから書くことが必須です。put は、置くものにあたる目的語と、置く場所にあたる副詞句の両方が必要です。「本」

と「箱」がどちらにあたるか考えてください。

（1）「（これらの本を入れる）箱がほしい」なので、「箱がほしい」にあたるI want a boxが骨組みです。このa boxを不定詞で修飾します。「箱」は置く場所にあたる修飾語の部分です。put these books in a boxのa boxが前に移動したと考えればよいのです。

I want a box （to put these books in ☐）.
▶ inのあとの名詞が、修飾される名詞となって前に移動

（2）「（この箱の中に入れる）本を探しています」なので、「本を探しています」にあたるI'm looking for a bookが骨組みです。このa bookを不定詞で修飾します。「本」は入れる物にあたる目的語なので、put a book in this boxのa bookが前に移動したと考えます。

I'm looking for a book （to put ☐ in this box）.
▶ putのあとの名詞が修飾される名詞となって前に移動

　形容詞的用法の不定詞は、最後に前置詞が必要なのかどうか、そこが難しいところです。「動詞の性質を知っていないとダメ」でしたね。では、あとに前置詞が必要なのかどうかについて、練習問題にチャレンジしてみましょう。

練習問題 ❷

次の日本語に合うように、下線部に適当な語句を書きなさい。不要な場合は×を書きなさい。

(1) 座るためのいす　　　　　a chair to sit ＿＿＿＿＿＿＿＿＿＿
(2) 書くこと　　　　　　　　something to write ＿＿＿＿＿＿＿
(3) 書くためのペン　　　　　a pen to write ＿＿＿＿＿＿＿＿＿＿
(4) 書くための紙　　　　　　a piece of paper to write ＿＿＿＿＿
(5) 勉強部屋　　　　　　　　a room to study ＿＿＿＿＿＿＿＿＿
(6) 話し合うこと　　　　　　something to talk ＿＿＿＿＿＿＿＿
(7) あなたに伝えること　　　something to tell ＿＿＿＿＿＿＿＿

(8) あなたと話し合うこと　　　something to talk ＿＿＿＿＿＿＿

(1) on　　　　　(2) ×　　　　　(3) with　　　　(4) on
(5) in　　　　　(6) about　　　(7) you / to you
(8) about <u>with</u>[to] you / <u>with</u>[to] you about

(1)「いすに座る」は sit on a chair と表現します。sit は圓ですから sit のあとに前置詞が必要です。sit on a chair の on のあとの a chair が不定詞に修飾される名詞として前に移動したものです。sit のあとには on が必要です。

▶ この on は接触の on です。sit のあとに置くのは、down ではありません。Sit down. といえるわけですから、down は前置詞ではなく副詞です。sit down a chair という表現はありません。

(2)書く事柄（文字や名前など）は他write の目的語になります。下線部に語句は不要です。

(3)筆記用具は他write の目的語にはなりません。「ペンで書く」は道具の with を補い write with a pen と表現します。write with a pen の with のあとの a pen が不定詞に修飾される名詞として前に移動した形です。

(4)同じく紙も他write の目的語にはなりません。「紙に書く」は接触の on を補い、write on a piece of paper で表します。write on a piece of paper の a piece of paper が移動した形です。

(5)他study の目的語は教科です。場所は目的語にはなれません。「部屋で勉強する」は場所の前置詞 in を補い、study in a room で表します。study in a room の a room が移動した形です。

(6) talk は圓ですから前置詞が必要です。第13節 で、tell / say / speak / talk の使い分けを説明したとおりです。talk about something の something が移動した形です。

(7)tell は 2 つ目的語をとる動詞でしたね。tell you something もしくは tell something to you の something が移動した形です。

(8)talk about something with you の something が移動した形です。with は to でも大丈夫です。(6)ができても、with you があると、ついつい about はなくてもよさそうに思いがちですが忘れずに。これができたら立派です。about と with you の順番は逆でも大丈夫です。

MEMO

━■━ イントロダクション ━■━
☑ 原級・比較級・最上級の3種類の比較の表現を知る ▶1
☑ 原級を用いた比較の文を作る ▶2
☑ 比較級を用いた比較の文を作る ▶2
☑ 最上級を用いた比較の文を作る ▶3

今回は、比較の表現について学びます。

> レッスン**1** **比較の表現方法**

「比べる」ためには、2つ以上のものが必要です。1つしかものが存在しないときには、「比べる」ことはできませんからね。

英語では、比較をするときに次の3つの表現方法を用います。

◆3つの比較の表現

2つを 比べる	A＝B （イコール）	A … as＋原級＋as＋B	「AはBと同じ くらい〜」
	A＞B （不等号）	A … 比較級＋than＋B	「AはBより〜」
3つ以上を比べる		A … the＋最上級＋$\begin{cases} \text{in}＋\text{B}〔場所〕 \\ \text{of}＋\text{B} \\ 〔特定複数名詞〕 \end{cases}$	「AはBの中で 最も〜」

2つを比べるとき、イコール（＝）になる場合と、イコールにならない場合があります。**イコール**になる場合に原級、イコールにならず**左に開く不等号**になる場合に比較級を用います。**3つ以上で比べる**ときには最上級を用います。原級・比較級・最上級は、すべて、形容詞・副詞の語形です。

今まで、名詞と動詞は語形変化しました。名詞は複数形、動詞は現在形や過去形、そして時制を持たない準動詞としての動名詞や不定詞がありましたね。今回はじめて形容詞・副詞が語形変化する表現を学びます。

比較級、最上級の語形は次のとおりです。

◆比較級・最上級の語形変化

-er / -estのつけ方	原級	比較級	最上級
語尾に-er / -estをつける	old fast	older faster	oldest fastest
発音しないeで終わる語 ⇒ -r / -stをつける	fine late	finer later	finest latest
〈短母音＋子音字〉で終わる語 ⇒ 子音字を重ねて-er / -est 　をつける	hot sad	hotter sadder	hottest saddest
〈子音字＋-y〉で終わる語 ⇒ -yを-iに変えて-er / -est 　をつける	happy heavy	happier heavier	happiest heaviest
つづりの長い語※ ⇒ 前にmore / mostをつける	useful slowly	more useful more slowly	most useful most slowly
不規則なもの	good well	better	best
	many much	more	most

▶ 「つづりの長い語」とは、-ous, -ing, -fulなどの特徴的な語尾で終わる形容詞、-lyで終わる副詞などです。

> レッスン2　**原級・比較級を用いた比較の文**

比較の文を作るときは、次の手順で書きます。

> ▶比較の文の作り方
> 　①比べる対象のない文を作る
> 　②文末に比べる対象を置く
> 　③形容詞・副詞の語形を整える

では、実際にやってみましょう。トムとジムの背の高さを比べてみます。

①比べる対象のない文を作る

> Tom is tall.　　　「トムは背が高い」

これが比べる対象のない文です。

②文末に比べる対象を置く

> Tom is tall. ⟨as / than⟩ Jim is tall.
> 　　　　　「トムは背が高い。ジムは背が高い」

　トムが比べる対象のジムと同じ背の高さなら as、トムが比べる対象のジムより背が高いなら than を用いて表すことになります。

　ここで大事なことは、as も than も従属接続詞であって、実際には後ろに Jim is tall. という文があるということです。つまり、Tom is tall. と Jim is tall. を接続詞の as もしくは than を用いて１つの文にしているわけです。as は「～と同じほど」という意味、than は「～よりも」という意味です。

　この as や than に続く文の中では、<u>主節（比べる対象のないもとの文のこと）</u>で用いている形容詞や副詞をくり返して用いてはいけない約束になっています。ですから、as や than のあとには Jim is しか残りません。is も書かなくてもわかるだろうということで、省略して大丈夫です。

　これで比較相手の as Jim / than Jim ができ上がりました。

③形容詞・副詞の語形を整える

> ▶比較対象が as（イコール）の場合
>
> 　　　副「同じくらい」　接「～と同じほど」
>
> Tom is as tall as Jim (is) ~~tall~~.　　「トムはジムと同じ背の高さです」
>
> 　　↑原級の前に as を置く　　↑くり返し削除
>
> ▶比較対象が than（不等号）の場合
>
> 　　　　　　接「～よりも」
>
> Tom is taller than Jim (is) ~~tall~~.　「トムはジムよりも背が高いです」
>
> 　　↑形容詞を比較級にする　　　↑くり返し削除

比較対象がas（イコール）の場合は、形容詞・副詞の<u>原級</u>の前に**as**を置きます。この**as**は「同じくらい」という意味で、**形容詞・副詞を前から修飾する**<u>副詞</u>です→ 第2節 。つまり、veryなどと同じ働きです。

　比較対象がthan（不等号）の場合は、形容詞・副詞を<u>比較級</u>にします。この場合はtallに-erをつけたtallerになります。

　これで比較の文のできあがりです。

<hr>

確認しよう

▶**原級を用いた比較の文**

　Tom is **as tall as** Jim.　　「トムはジムと同じ背の高さです」

▶**比較級を用いた比較の文**

　Tom is **tall**er **than** Jim.　　「トムはジムよりも背が高いです」

<hr>

　比較の文になると、本来の形容詞・副詞の意味はなくなります。Tom is tall.は「トムは背が高い」という意味なので、本当にトムは背が高いことを意味しますが、Tom is as tall as Jim. は「トムとジムの背を比べたら同じ高さだ」と言っているだけで、「高い」という意味はなくなっています。トムとジムの身長が100センチであっても、190センチであってもas tall asです。

　身長をたずねるときにhow tall を用います。生まれたての赤ちゃんの身長をたずねるときもhow tallです。tallを用いていながら、実は「高さ」を聞いているだけです。比較の文でも「高さ」が同じかどうかを述べているだけになります。

例題

次の英文を、[　　　]内の指示にしたがって書き換えなさい。

　It is hot here. [「京都と同じくらいの暑さ」という文に]

解答

　It is as hot here as in Kyoto.

解説

　「同じくらい」なので、**as ～ as**を用います。

as hot as の前後はどうなるのでしょうか？ It is here as hot as Kyoto. ですか？

　ちがいますね。そう答えないように説明したつもりなのですが、同じようにまちがえてしまう人が多いです。単純な文例で練習していると、知らないうちに、as 〜 as、-er thanのパターンだけが頭に入ってしまい、asとasの間に1つ単語を入れようとか、比較級とthanは隣どうしとか、思い込んでしまうのです。p.217で説明した①②③の手順で考えてみましょう。接続詞asのあとにどんな文があるのか、②の比べる対象を書いてください。

「京都は暑い」という文ですから、Kyoto is hot. ですか？

　もとの文をしっかり見てください。寒暖はitを主語にして書きますよ。

失礼しました…。It is hot in Kyoto. です。

　そうです。ここから必ず削除しなければならないのはhot、残しても消してもいいのはit isです。in Kyotoで修飾語を作りますから、inは省略できませんね。副詞hereと副詞句in Kyotoの比較です。そうすると、どこに副詞のasを入れますか？

もとの文の very を入れられる位置ですね。very hot ですから、as hot です。

　そのとおりです。答えは、It is as hot here as in Kyoto. です。

②文末に比べる対象を置く

　　It is hot here. 〈as〉It is hot in Kyoto. 「ここは暑い」「京都は暑い」

③形容詞・副詞の語形を整える

　　It is as hot here as (It is) in Kyoto. 　「ここは京都と同じくらい暑い」

　比較の文は、比べる対象のないもとの文の後ろに、副詞節をくっつける
だけなのに、もとの文の語順を変えて as 〜 as や -er than を作ることを
優先してしまい、まちがえることが多いですよ。

英語の ツボ㊼

■比べる対象が加わることで、形容詞・副詞の語形は変わる
　が、もとの文の語順は変わらない♪

　このことを絶対に忘れないでください。また、「京都と同じくらい」で
も、asのあとはKyotoではなくin Kyotoでした。このまちがいを防ぐに
は②の手順をしっかり踏むことです。

英語の ツボ㊽

■ as / than のあとに文をしっかり書いてみる♪

　これも必ず守ってください。最初になぜ丁寧に説明したか、わかっても
らえましたね。
　では、次の問題を正しい考え方で解いてみましょう。

練習問題

次の英文を、[　　]内の指示にしたがって書き換えなさい。

(1) This dog is big. [「あの犬と同じくらいの大きさ」という文に]

(2) My bike is old. [「あなたのよりも古い」という文に]

(3) It is cold here. [「北海道と同じくらいの寒さ」という文に]

(4) I have much money. [文末に「あなたより」を加えて]

解答

(1) This dog is as big as that dog[one]. ／「この犬はあの犬と同じくら

いの大きさです」

(2) My bike is older than <u>your bike</u>[yours]. ／「私の自転車はあなたの自転車よりも古いです」

(3) It is as cold here as in Hokkaido. ／「ここは北海道と同じくらいに寒いです」

(4) I have more money than you (have). ／「私はあなたよりお金を持っています」

語句 (4) money「お金」

| 解 説 |

　問題文は、比較の文の作り方の手順①の、比べる対象のない文です。比べる対象を **as** で書くのか **than** で書くのかを決め、それに応じて形容詞や副詞の語形を整え、作り方の手順②と手順③で書き換えてください。

　(1)「**同じくらい**」なので、比較対象には **as** を用います。as のあとの比べる対象の文は That dog is big. です。big をくり返してはいけないので削除し、is は省略してよいので、as that dog を文末につけます。最後に原級 big の前に副詞の **as** を置きます。

▶名詞のくり返しを避けるため、dog は代名詞の one にしても大丈夫です。

　(2)「**〜よりも**」なので、比較対象には **than** を用います。than のあとの比べる対象の文は Your bike is old. です。old をくり返してはいけないので削除し、is は省略してよいです。than your bike を文末につけ、old を比較級 **older** にします。

▶所有格のあとの名詞は one に置き換えることはできません。〈所有格＋名詞〉を所有代名詞（yours など）にするのは大丈夫です。

　(3) p.219の 例題 と似た問題です。「**同じくらい**」なので、比較対象には **as** を用います。as のあとの比べる対象の文は It is cold in Hokkaido. です。cold をくり返してはいけないので削除し、it is は省略してよいです。as in Hokkaido を文末につけ、最後に原級 cold の前に副詞の **as** を置きます。

　(4)「**あなたより**」なので、比較対象には **than** を用います。than のあと

の比べる対象の文はYou have much money.です。形容詞muchは書いてはいけないので削除します。muchに続く名詞も削除です。「主語」と「主語」の比較になるので、動詞のhaveも省略可能です。もとの文の語順はそのままにして、muchを比較級のmoreにすると、**I have more money than you (have).** となります。比較級とthanはとなりどうしだ、と思い込んではいけませんよ！

 レッスン**3**　最上級を用いた比較の文

　最上級は、3つ以上で比較した場合に用いる形です。
　形容詞・副詞を〈the＋最上級〉にして、〈in / of ＋ B〉を続けます。この節の最初に示した表現方法の表（p.216）にあるように、「～の中で」にあたる前置詞は、inとofを使い分けます。

A ... the＋最上級＋ { in＋B〔場所〕
　　　　　　　　　　 { of＋B〔特定複数名詞〕　　　「AはBの中で最も～」

---

　inのあとは「場所」、ofのあとは「特定複数名詞」です。inは聞き覚えがあるので抵抗がないと思いますが、ofは第**17**節の前置詞のところで話したように、「～のうちの…」という訳になり、「全体から部分を切り取る」という意味でしたね。of以下が〈全体〉で、必ず特定複数名詞でした。「特定」というのは、theや所有格がつく名詞でしたよ。

確認しよう

Tom is **the tallest** in his class.　　「トムはクラスの中で最も背が高い」
Tom can run (the) **fastest of** the three.
　　　　　　　　「トムは3人の中で最も速く走ることができます」

　最上級の前にはtheをつけます。副詞の最上級にはtheをつけなくてもよいのですが、theをつけてもまちがいではないので、慣れるまでは「最上級にはtheをつける！」と覚えておきましょう。

▶形容詞は名詞を修飾する働きがあるので、Tom is the tallest (student) in his class. のstudentにtheがつく、と考えられています。副詞は後ろに名詞を置くことができず、theで修飾する名詞がないからtheはつけなくてもよいです。副詞の最上級につくtheは副詞です。

次の英文を、[　　　]内の指示にしたがって書き換えなさい。

(1) Emily is pretty. [「このクラスの中で」を加えて最上級の文に]

(2) This book is famous. [「5冊の中で」を加えて最上級の文に]

解　答

(1) Emily is the prettiest in this class. ／「エミリーはこのクラスの中でいちばんかわいいです」

(2) This book is the most famous of the five. ／「この本は5冊の中でいちばん有名です」

語句　(1) pretty「かわいい」　(2) famous「有名な」

解　説

「～の中で」にあたる前置詞を正しく使い分けましょう。

(1)classは場所なので**in**を用います。prettyは-yを-iに変えて-estをつけてprettiestとします。most型ではないので、注意してください。

(2)fiveは複数なので**of**を用いますが、ofのあとは特定複数なので、theを忘れないように！　famousはmost型です。more／most型のいわゆる「長い単語」に相当します。most famousにtheをつけることを忘れずに。

先ほどまでの練習問題は、比較対象を除いたもとの文を載せていました。次は、そのもとの文も自力で作る問題です。比較対象を取り除いたもとの文がしっかり作れれば、あとは文末に比較対象をつけ、形容詞・副詞の語形を整えるだけです。

英語のツボ59
■比較対象を取り除いたもとの文をしっかり書く♪

ついつい、形容詞・副詞の語形、asなのかthanなのか、inなのかofなのかに気が向いてしまいますが、もとの文がしっかり書ければ、asやthanのあとの文も自動的に作れるはずです。比較の文ですが、そうでないところが実は一番大事なのです。

例題の英文を作って、その後は練習問題をやりましょう。

例題

次の日本語を英語になおしなさい。

　彼は見かけよりずっと若い。

解答

He is much younger than he looks.

解説

「見かけより」が比較対象なので、もとの文は「彼はずっと若い」**He is very young.** です。比較対象をどうやって表していいのかわかりません。「見かけ」はどうやって表すのですか？

　「見かけ」という日本語だけを見ると、どのように比較対象の英語にするのかわかりにくいかもしれません。than は接続詞でそのあとに文を続けるのですから、「見かけが若い」つまり than のあとの比べる対象の文は He looks young.「彼は若く見える」です。

第2文型で用いる **look** の文ですね。**young** は削除ですよね。主語も同じだから省略できるのですか？

　残念ながら、he は省略できません。この文は動詞 is と動詞 looks の比較です。be 動詞は「事実」を、look は「見た目」を表します。「等位接続詞は共通部分を省略できる♪　従属接続詞は必ず〈接続詞＋主語＋動詞…〉♪→ 第9節　英語の ツボ㊳」だったので、動詞を書く、ということは、必ずその前に主語が必要、ということになります。

　Tom is taller than Jim. のような主語と主語を比較している文だったら、than を前置詞のように思ってもらってもよいのですが、<u>動詞と動詞を比較する場合は、as や than が従属接続詞であるという事実を忘れてはいけません。</u>He is much younger than he looks. が正解です。

「ずっと」にあたる very はどうなるのですか？

　比較級で形容詞・副詞を強める場合は**much**を使います。veryで強めることはできません。muchの場所はveryと同じです。

　たまにこのlooksを「ルックスがいい」という意味の名詞のlooksだと誤解する人がいるのですが、三人称単数現在の-sがついた動詞です。まちがえないようにしてください。

練習問題

次の日本語を英語になおしなさい。

(1) ケンはトムと同じくらいの数の本を持っています。

(2) 6月は4月より雨が多い。[There is 構文を用いて]

(3) 富士山は日本で最も高い山です。

解答

(1) Ken has as many books as Tom.

(2) There is more rain in June than in April.

(3) Mt. Fuji is the highest mountain in Japan.

語句　(2) June「6月」／ April「4月」

解説

　(1)「同じくらい」なので as ～ as の文で表します。もとの文はわかりますか？　原級を用いる比較の文で、比較対象のないもとの文がわかりにくいとき、「～よりも」の文になおしてみると、もとの文がわかる場合があります。この問題なら「ケンはトムより」で始めると、「たくさんの本を持っています」になるので、もとの文がKen has many books. とわかりますね。もちろん、こんなことをしなくても、「本の数を比べているのだから、manyを使えばいいんだ！」とすぐにわかる人はいいのですが、「あれ？」と思ったら試してみてください。

　bookは可算名詞なので、「たくさんの」にあたる数量形容詞はmuchではなくmanyを用い、bookが複数形になっているか確かめてください。あやふやな人は 第10節 を確認してください。接続詞asのあとの比べる対象の

文はTom has many books. です。many booksを削除し、hasは省略して大丈夫です。副詞のasは形容詞manyの前に置きますから、**Ken has as many books as Tom.** が答えで、as とasの間に2語入る文です。

(2)「4月より」が比較対象なので、もとの文「6月は雨が多い」をThere is 〜 . の文で書きます。There is much rain in June. ですね。rainは不可算名詞なので、複数形にならず、「たくさんの」はmuchを用います。動詞はare ではなく、isにしましたか？ 名詞の語尾でareとisを使い分けますよ。数量形容詞にだまされないようにしましょう。この文と比較対象の文There is much rain in April. をthanでつなぐことになるので、than以下にはin Aprilが残ります。than in Aprilが文末につくことによって、much rain がmore rainになります。

(3)Mt. Fuji is a high mountain. がもとの文です。形容詞highを最上級の形the highestにして文末にin Japanをつけます。

比較（2）

イントロダクション

- ☑ 「BよりAが好きだ」〈like A better than B〉の文を作る ▶ 1
- ☑ 「Aが最も好きだ」〈like ＋ A (the) best〉の文を作る ▶ 1
- ☑ 「AとBでは、どちらがより〜ですか」〈<u>Which</u>[Who] …比較級 , A or B ?〉の文を作る ▶ 2
- ☑ 「〜の中で、どれが最も…ですか」〈<u>Which</u>[Who] … the 最上級＋ <u>of</u>[in]〜 ?〉の文を作る ▶ 2
- ☑ 比較級を表す原級比較の否定文を作る ▶ 3
- ☑ 最上級を表す原級・比較級の文を作る ▶ 4

　今回は、さらに進んだ比較の表現を学びます。その前に、比較の文の作り方を復習しておきましょう ➡ 第**19**節。

▶比較の文の作り方
　①比べる対象のない文を作る
　②文末に比べる対象を置く
　③形容詞・副詞の語形を整える

　大事だったことは、「as ／ than のあとに文をしっかり書いてみる♪ ➡ 第**19**節 **英語の ツボ❻**」「比べる対象が加わることで、形容詞・副詞の語形は変わるが、もとの文の語順は変わらない♪ ➡ 第**19**節 **英語の ツボ❼**」でしたね。これらに注意しながら、新たな表現をいくつか学びます。

レッスン1 「BよりAが好きだ」

　「BよりAが好きだ」は、〈like A better than B〉と表現します。これを上の比較の文の書き方に沿って考えてみましょう。

①比べる対象のない文を作る

　「私はサッカーより野球が好きだ」の場合、「サッカーより」が比較対象なので、「私は野球が好きだ」がもとの文になります。I like baseball. でもとの文ができました。

ところが、この文には形容詞も副詞も含まれていません。そこで、like を修飾する副詞を文末につけます。like を修飾する副詞は何ですか？

> very much ですね！　I like baseball very much. が
> もとの文ですか？

そのとおりです！

②文末に比べる対象を置く

比較対象の文はI like soccer very much. です。

③形容詞・副詞の語形を整える

「～より」なので2つの文を than でつなぐと、than以下は soccer だけが残ります。

than soccer を文末に加えるので、副詞の very much を比較級にします。very much は very much（原級）– better（比較級）– best（最上級）と変化します。興味のある人は辞書で調べてみてください。

---

①比べる対象のない文を作る

I like baseball very much.

②文末に比べる対象を置く

I like baseball very much. 〈than〉 I like soccer very much.

③形容詞・副詞の語形を整える

I like baseball better than I like soccer very much.

　　　　　　↑副詞 very much を比較級にする　　　↑くり返し削除

確認しよう

I like baseball better than soccer. 「私はサッカーより野球が好きです」

同じように考えて、「Aが最も好きだ」は、〈like + A (the) best〉で表します。

I like summer (the) best of all the seasons.

副詞 very much を最上級にする↑　　↑ of「〜の中で」を置く

「私は四季の中で夏が最も好きです」

▶形容詞のallは、例外的に限定詞をあとに置きます。

練習問題

次の日本語を英語になおしなさい。

(1) 私はオレンジよりリンゴのほうがずっと好きです。

(2) 私の弟は、すべての教科の中で、英語が最も好きです。

解答

(1) I like apples much better than oranges.

(2) My brother likes English (the) best of all the subjects.

語句 (1) orange「オレンジ」 (2) subject「教科」

解説

　(1)likeの目的語が可算名詞の場合、複数形を用います。I like apples very much. がもとの文です。applesをlikeのすぐあとに続けましたか？　比較級はveryでは強められず、muchで強めます。muchの位置は、もとの文のvery muchのveryの位置です。比較級を用いた文のほうがわかりやすい場合は、「betterの前に」と覚えてもいいですよ！

　(2)特定複数名詞が続くときは、「〜の中で」にあたる前置詞はofです。〈all the＋複数名詞〉の語順に注意してください。allは例外的に限定詞をあとに置くのでした。

レッスン2 「AとBでは、どちらがより~ですか」

「AとBでは、どちらがより~ですか」のように、2つの中から「より~なもの」を選ばせる疑問文は、〈Which[Who] …比較級, A or B ?〉で表現します。2つのものの比較になるので、比較級を用います。なお、疑問文に対する答え方は、1年生で学んだ「問いと答えの対応」を思い出して答えましょう。

確認しよう

・ Which is longer, the Shinano River or the Tone River?
「信濃川と利根川では、どちらがより長いですか」

　　---The Shinano river is. 「信濃川です」
・ Who can swim faster, Ken or Jim?
「ケンとジムでは、どちらがより速く泳ぐことができますか」

　　---Ken can. 「ケンです」
　　▶人の場合は、「どちら」をwhoで表します。
・ Which do you like better, math or science?
「数学と理科では、どちらがより好きですか」

　　---I like science better. 「理科のほうがより好きです」

最上級の文も、比較級と同様に〈Which[Who] … the 最上級 + of[in] ~ ?〉「~の中で、どれが最も…ですか」と疑問詞を用いてたずねることができます。

・ Which is the tallest tower of the three?
「3つの中で、どれが最も高いタワーですか」

　　---That tower is. 「あのタワーです」
・ Who runs the fastest in this class?
「このクラスの中で、だれが一番速く走りますか」

　　---Ken does. 「ケンです」

次の日本語を英語になおしなさい。

(1) A：あなたは春と秋ではどちらの季節のほうがより好きですか。
　　B：春です。
(2) A：日本では、テニスとバスケットボールのうちどちらがより人気があ
　　　　りますか。
　　B：テニスだと思います。
(3) A：今朝はお父さんとお母さんのどちらがより早く起きましたか。
　　B：父です。
(4) A：このクラスでは、だれが最も上手に歌いますか。
　　B：トムです。

解答

(1) Which season do you like better, spring or fall?---I like spring better.
(2) Which is more popular in Japan, tennis or basketball? ---I think (that) tennis is.
(3) Who got up earlier this morning, your father or (your) mother? ---My father did.
(4) Who sings (the) best in this class? ---Tom does.

語句 (1) season「季節」／ spring「春」／ fall「秋」 (2) popular「人気がある」／ basketball「バスケットボール」

解説

(1)「AとBでは、どちらがより〜ですか」は〈Which[Who] …比較級, A or B ?〉で表します。問いの主語はyou、likeの目的語である「どちらの季節」はwhich seasonにして文頭に置きます。

(2)名詞節を導く接続詞that、覚えていますか？ ➡第7節 問いの主語はwhichなので、答えのthat節の主語はtennisになりますね。

(3)過去の一般動詞の文です。didを用いて答えられましたか？

(4)〈Which[Who] … the 最上級＋of[in] 〜 ?〉で表します。

レッスン3 比較級を表す原級表現：原級比較の否定文

〈A … as＋原級＋as＋B. 〉の否定文〈A ... not as＋原級＋as＋B. 〉は「AはBほど〜ない」の意味を表します。

イコールを打ち消したことにより、〈A ... not as＋原級＋as＋B. 〉は「A＜B」の意味になります。以上のことから、原級の否定文は比較級の文に書き換えることができます。

Tom is ~~not as tall as~~ Ken.　　「トムはケンほど背が高くありません」

＝ Ken is ~~taller than~~ Tom.　　「ケンはトムより背が高いです」

＝ Tom is shorter than Ken.　「トムはケンより背が低いです」

▶なお、否定文では、副詞のasをsoにすることができます。

練習問題 ❶

次の各組の英文がほぼ同じ内容になるように、（　　）内に適当な語を書きなさい。

(1) Ken plays the piano better than Tom.

　　Tom（　　　）play the piano as（　　　）（　　　）Ken.

(2) This rose smells better than that one.

　　That rose doesn't smell（　　　）（　　　）as this one.

(3) There are more fish in this river than in that one.

　　There aren't（　　　）（　　　）fish in that river as in this river.

解答

(1) doesn't, well as ／「トムは、ケンほど上手にピアノを弾きません」
(2) as[so] good ／「あのバラは、このバラほど香りがよくありません」
(3) as[so] many ／「この川ほどあの川には魚がいません」

解説

　比較級の英文を原級で書き換える場合、比較級の原級が2種類あるものは、どちらの原級を用いるのか、しっかり考えましょう。

　(1) 〈not as 〜 as〉のように覚えている人は、ただnotを書いてしまい

ますが、一般動詞の現在形の否定文ですから、doesn'tを用いてください。betterの原級はgoodとwellですが、一般動詞のあとに用いるのは副詞でしたね。wellを選んでください。

(2)比較級は(1)と同じbetterですが、smellは補語をとる動詞なので、後ろにくるのは形容詞です。asはsoにすることもできます。

(3)動詞がareですから、このfishは複数形ですね。したがって、moreの原級はmuchではなくmanyです。

練習問題 ❷

次の日本語を英語になおしなさい。
(1) ここは京都ほど暑くありません。
(2) 彼は見かけほど若くありません。
(3) 私はあなたほどたくさんお金を持っていません。

解答

(1) It isn't <u>as</u>[so] hot here as in Kyoto.
(2) He isn't <u>as</u>[so] young as he looks.
(3) I don't have <u>as</u>[so] much money as you.

解説

どれも 第19節 で扱った文例です。比較対象を除いたもとの文を作り、文末にasを用いた比較対象の文を書いて、もとの文でveryが入る位置に<u>as</u>[so]を置きます。

(1)It isn't hot here. がもとの文です。as以下はIt is hot in Kyoto. で、It is hotを削除してin Kyotoが残ります。hotの前に副詞の<u>as</u>[so]を入れます。

(2)He isn't young. がもとの文です。as 以下はHe looks young. で、youngのみ削除してhe looksが残ります。youngの前に副詞の<u>as</u>[so]を入れます。

(3)I don't have much money. がもとの文です。as 以下はYou have much money. で、have much moneyを削除してyouが残ります。muchの前に副詞の<u>as</u>[so]を入れます。

レッスン4 最上級を表す原級、比較級表現

第19節 の最後で、「富士山は日本で最も高い山です」の英作文をしましたが、これを原級や比較級を用いてほぼ同じ意味の文を作ってみましょう。

①一番の物をそのまま主語にした場合

▶ 〈A … 比較級 + than any other + B(単数).〉

「AはほかのどんなBよりも～」

・ **Mt. Fuji is** higher than any other **mountain in Japan.**

「富士山は日本のほかのどんな山よりも高いです」

　anyを使うことに注意しましょう。**肯定文で用いるany**は「**どれでも**」という意味で、**可算名詞でも単数形**が続きます。otherは「ほかの」という意味ですから、富士山を、富士山以外の日本の山すべてと比較していることになります。Mt. Fuji is high. とAny other mountain in Japan is high. をthanでつないでいます。富士山は最も高いので、どの山と比べてもいつも富士山のほうが高い、つまり、富士山は最も高い、という最上級の意味になります。

②否定語を主語にし、比較対象に一番の物を用いる場合

▶ 〈No other B(単数) … as[so] +原級+ as A.〉

「Aほど～なBはほかにない」

▶ 〈No other B(単数) … 比較級 + than + A.〉

「Aより～なBはほかにない」

・ **No other mountain in Japan is** as[so] high as **Mt. Fuji.**

「富士山ほど高い日本の山はほかにありません」

・ **No other mountain in Japan is** higher than **Mt. Fuji.**

「富士山より高い日本の山はほかにありません」

> ▶ 〈Nothing … as[so] ＋原級＋ as ＋ A.〉 「Aほど～な物はほかにない」
> ▶ 〈Nothing … 比較級＋ than ＋ A.〉 「Aより～な物はほかにない」
> ・ Nothing is as[so] important as love.
> 「愛ほど**大切な**物はほかにありません」
> ・ Nothing is more important than love.
> 「愛より**大切な**物はほかにありません」

　否定語が主語ということは、一番の物とイコール、もしくはそれを超えるものは存在しない、と考えればよいでしょう。

▐ 練習問題 ▶

次の各組の英文がほぼ同じ内容になるように、(　　　)内に適当な語を書きなさい。

(1) Russia is the largest country in the world.
　　① Russia is (　　　) than (　　　) other (　　　) in the world.
　　② (　　　) other country in the world is (　　　) than Russia.

(2) Health is more important than any other thing.
　　(　　　) is as important as (　　　).

▐ 解 答 ▶

(1) ① larger, any, country ／「ロシアはほかのどんな国よりも広いです」
　　② No, larger ／「世界でロシアほど広い国はほかにありません」

(2) Nothing, health ／「健康ほど大切な物はほかにありません」

▐ 解 説 ▶

　(1)最上級の表現からほかの表現を使った文への書き換え問題です。

　①は主語がRussiaで、thanとotherがあることから、〈A … 比較級＋than any other＋B(単数).〉「AはほかのどんなBよりも～」を使った文にします。anyのあとを単数名詞にすることに注意しましょう。

　②は〈No other B(単数) … 比較級＋than＋A.〉「Aより～なBはほかにない」を使った文にします。

　(2)「健康はほかのどんな物よりも大切です」という最上級の意味の文です。最上級の意味を原級で書き換える場合、主語を否定語にし、比較対

象に一番のものを置きます。〈Nothing … <u>as</u>[so] ＋原級＋ as ＋ A.〉「A
ほど～な物はほかにない」の表現で表します。

　「否定語」では、no を用いるのか nothing を用いるのかを区別する必要
があります。no は形容詞ですから、あとに名詞が必要です。nothing は、
形容詞 no に thing という名詞がすでにいっしょになった不定代名詞です
から、nothing だけで主語になれます。

▶ any other thing は anything else で表すことも多いです。any と thing が合わさって
　不定代名詞になると、other の意味を else で表現します。

■■ イントロダクション ■■

- ☑ 受動態は「動作を受ける側」を主語とした文と理解する ▶1
- ☑ 受動態を用いた英文を作る ▶2
- ☑ 過去分詞の作り方を知る ▶2
- ☑ 能動態の文を受動態の文に書き換える ▶2

今回は、動作を受ける側を主語にした受動態の表現を学びます。

レッスン1 受動態とは

今までは、動作をする側を主語にした文ばかりを学習してきましたが、動作を受ける側を主語にした文を学びます。**動作をする側を主語にした文**を能動態、**動作を受ける側を主語にした文**を受動態といいます。

「動作を受ける側」とはどういうことですか？

たとえば、トムがナンシーの手伝いをしているとすると、トムが動作をする側、手伝われているナンシーが動作を受ける側にあたります。ナンシーを主語にすると「トムに手伝ってもらっている」という表現になりますね。

ということは、「～される」とか「～られる」という意味になる場合、受動態を用いるということですか？

それはよくない覚え方です。まず、日本語の「れる・られる」は受け身以外に、可能・尊敬・自発、そして被害を表すときにも使います。それから、いろいろな受動態の文を学んでいくと、「れる」「られる」と訳さないものがどんどん増えてくるので、日本語にたよった覚え方は危険です。

原点にもどりましょう。「動作を受ける側」は、結局何でしょうか？

　たとえば、Tom helps Nancy.「トムはナンシーを手伝う」のNancy
です。今までこの部分を何とよんできましたか？

> 目的語ですか？

　そうです！　「動作を受ける側」とは、簡単に言うと、能動態の目的語
のことです。

英語のツボ⑥⓪
■受動態とは、能動態の目的語を主語にした文♪
　「〜られる」「〜される」の意味の文、と覚えない♪

レッスン2　受動態の作り方

　能動態の文をもとにして受動態の文を作りましょう。

◆受動態の文

▶受動態の動詞の形
　〈be動詞＋過去分詞〉で表す
▶受動態の作り方
　①能動態の文の目的語を主語にする。
　②動詞を〈be動詞＋過去分詞〉にする。
　③動作主を言いたいときはby 〜を用いる。

| 能動態の文 | He loves her. |
| | S　V　O |

| 受動態の文 | She is loved / by him.「彼女は彼に愛されています」 |
| | S'　V' |

　動詞の部分の〈be動詞＋過去分詞〉ですが、「過去分詞」は初登場の形
ですね。規則動詞は過去形と同じ形、不規則動詞にはそれぞれの過去分詞
があるので、1つずつ覚えていきましょう。

◆不規則動詞の過去形・過去分詞

原形	過去形	過去分詞
do「〜をする」	did	done
write「〜を書く」	wrote	written
read「〜を読む」	read	read
sell「〜を売る」	sold	sold
find「〜を見つける」	found	found
speak「〜を話す」	spoke	spoken
see「〜を見る」	saw	seen
teach「〜を教える」	taught	taught

　「過去分詞」は時制を持つ語形ではありません。進行形で用いる「現在分詞」も、現在進行形や過去進行形のどちらでも使いましたね。「過去分詞」も同じです。She is loved by him. の助動詞は何でしょうか。

> be 動詞ですか？

　そのとおりです。過去分詞が時制を持っていないとすれば、時制を持つのはbe動詞しかありませんね。そうすると、時制を過去にしたり未来にしたり、否定文や疑問文を作ったりする方法は、すべて<u>助動詞be動詞の文と同じ</u>です。

◆受動態の文例

確認しよう

過去の文	She was loved by him.	「彼女は彼に愛されていました」
未来の文	She will be loved by him.	「彼女は彼に愛されるでしょう」
否定の文	She isn't loved by him.	「彼女は彼に愛されていません」
疑問文	Is she loved by him?	「彼女は彼に愛されていますか」
	---Yes, she is.	「はい、愛されています」
	---No, she isn't.	「いいえ、愛されていません」

助動詞が be 動詞だとすると、この過去分詞は進行形の現在分詞と同じように、形容詞と考えられるのですか？

するどい質問ですね。考え方としてはまちがっていません。

This library is closed on Monday. 「この図書館は月曜休館です」のような文なら、closed on Monday を「月曜日に閉まっている状態」という形容詞と考えられますね。

受動態の作り方の手順③で、「動作主を言いたいときは」と書いてありますが、動作主を言いたくないときは書かなくてもよいということですか？

そうです。そもそもなぜ受動態の文があるか、ということを考えましょう。目的語が主語になったら、他動詞のあとにもう名詞がないわけですから、あとは修飾語だけになります。能動態だったら絶対に書かなくてはならなかった主語を、修飾語にしてよいということです。

つまり、**動作主が不明な場合**や、**動作主をわざわざ言う必要がない**ような場合に受動態が好まれるのです。ですから、〈by＋動作主〉のない受動態の文のほうが多いです。なお、by は前置詞ですので、by のあとに代名詞がくる場合は目的格の代名詞にします。

過去分詞のあとはいつも by を置く、といったように〈be 動詞＋過去分詞＋by ～〉を受動態の公式のように覚えると、いろいろ痛い目にあうときもありますから、気をつけましょう。

練習問題 ❶

次の能動態の文を受動態の文に書き換えなさい。

(1) Many people visit Sapporo.

(2) He wrote this letter.

(3) She read these books.

(4) My father sometimes takes me to the zoo.

(1) Sapporo is visited by many people. ／「札幌は多くの人々が訪れます」

(2) This letter was written by him. ／「この手紙は彼によって書かれました」

(3) These books were read by her. ／「これらの本は彼女に読まれました」

(4) I'm[I am] sometimes taken to the zoo by my father. ／「私はときどき父に動物園に連れていってもらいます」

解 説

目的語を主語にして、動詞を〈be動詞＋過去分詞〉にします。動作主は by のあとに続けましょう。be動詞の時制に気をつけてください。

(1)目的語 Sapporo を主語にして、動詞 visit を〈be動詞＋過去分詞〉にします。時制は現在、主語が三人称単数なので is visited です。動作主 many people を by のあとに続けます。

(2)時制は過去です。be動詞を was にしましたか？ write は不規則動詞で、write-wrote-written と変化します。前置詞のあとは目的格でしたね。能動態の文の主語 He を前置詞 by のあとに置くときは、目的格の him にします。

(3)何度も出てきた問題です。主語は三人称単数ですが、read に -s がついていないので、過去の文ですよ！ 目的語の these books は複数なので、be動詞は were になります。read は不規則動詞で、read-read-read と変化します。能動態の文の She は目的格の her にして by のあとに置きます。

(4)目的語をまちがえないでくださいね。動詞の直後の me です。the zoo ではありません。the zoo の前には前置詞がありますからね。to the zoo で修飾語です。

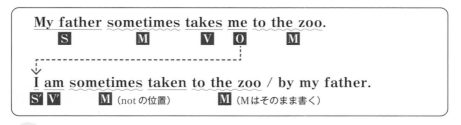

頻度を表す<u>副詞はnotの位置</u>でしたね。1年生のときにお話ししました。したがって、この文では、be動詞amのあとに置きます。修飾語はそのままでOKです。つまり、受動態になっても、修飾語には影響がないということです。これは受動態の文を正しく書くときにとても大事なことですよ。

練習問題 ❷

次の英文を、[　　]内の指示にしたがって書き換えなさい。

(1) This room is used on Sunday. [否定文に]

(2) These pictures were taken by Mr. Tanaka.
　　[疑問文にして Yes で答える]

(3) These fish were caught <u>in Japan</u>.
　　[下線部が答えの中心になる疑問文に]

(4) Are these stores closed? [文末に tomorrow をつけて未来の文に]

解答

(1) This room isn't used on Sunday. ／「この部屋は日曜は使われません」

(2) Were these pictures taken by Mr. Tanaka? ---Yes, they were.
　　／「これらの写真は田中先生によって撮られたのですか」「はい、そうです」

(3) Where were these fish caught? ／「これらの魚はどこで捕られましたか」

(4) Will these stores be closed tomorrow? ／「これらの店は明日閉められますか」

解説

(1)この文の助動詞はbe動詞です。**be動詞の否定文**の作り方と同じなので、isのあとにnotを入れます。

(2)(1)と同様の考え方で、wereを文頭に移動して**be動詞の疑問文**を作ります。答えの文では疑問文の主語がthese picturesなので、これを主格の代名詞theyに置き換えます。動作主はMr. Tanakaですが、これをheにして答えるのではありませんので、注意してください。

(3)in Japan、つまり場所をたずねるので、文頭にwhereを置き、**be動詞の疑問文**を続けます。

(4)未来の文になると、助動詞がareからwillになります。willと接続す

る動詞の原形beの位置は大丈夫ですか？　まちがえた人は 第**4**節 を復習してくださいね。

練習問題 ❸

次の能動態の文を受動態の文に書き換えなさい。

(1) She didn't do the work.
(2) Do they sell vegetables at this store?
(3) Where did you find this bag?
(4) What language do they speak in Australia?

解 答

(1) The work wasn't done by her. ／「その仕事は彼女によってされませんでした」
(2) Are vegetables sold at this store (by them)? ／「野菜は（彼らによって）この店で売られていますか」
(3) Where was this bag found (by you)? ／「このかばんは（あなたによって）どこで見つけられましたか」
(4) What language is spoken in Australia (by them)? ／「オーストラリアでは（彼らによって）どんな言語が話されていますか」

語句 (2) sell「～を売る」／ vegetable「野菜」 (3) find「～を見つける」 (4) language「言語」

解 説

　受動態はbe動詞が助動詞です。助動詞do / didを使っている文の場合は、do / didのかわりにam / are / is / was / were を用います。

　(1)didn'tを使っている文なので、受動態の文では過去のbe動詞を否定文の形で用います。動詞doは不規則動詞で、do-did-doneと変化します。

　(2)動詞sellは不規則動詞で、sell-sold-soldと変化します。この文の場合、by themは省略してもOKです。受動態はわざわざ動作主をいう必要がない場合に好まれるという話をしましたね。この能動態の主語であるtheyは、この店で働いている人を漠然と指しているだけですから、省略してもよい、むしろ、省略するほうが自然です。機械的な練習問題と割り切るなら、つけてもかまいませんが、by us / by you / by themは省略するほうが自然だと思っておきましょう。修飾語at this storeはそのまま書

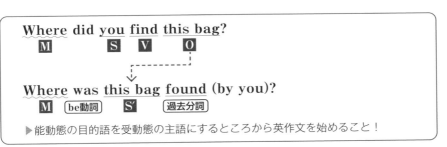

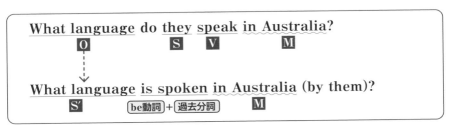

きます。

　(3)受動態の文ももちろん疑問詞は文頭に置きますが、疑問詞から書き始めるとあとの語順をまちがえる人がいます。必ず、能動態の目的語を主語にするところから始めてください。そして、be動詞と過去分詞をどこに置くかチェックするところから始めましょう。目的語はthis bagなので、これが受動態の主語です。疑問文なのでその前にbe動詞を置き、主語のあとに過去分詞を続けます。was this bag foundまで、できましたか？　それができれば文頭にwhereを置くだけです。by youは省略するのが自然です。動詞findは不規則動詞で、find-found-foundと変化します。

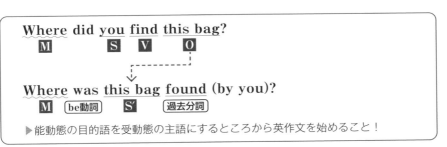

　(4)動詞の直後は前置詞inなので、目的語は文頭のwhat languageです。つまり、what languageが受動態の主語になります。疑問詞が主語になったわけですから、そのあとに〈be動詞＋過去分詞〉が続き、修飾語in Australiaはそのまま書いてby themを省略するのが自然です。動詞speakは不規則動詞で、speak-spoke-spokenと変化します。

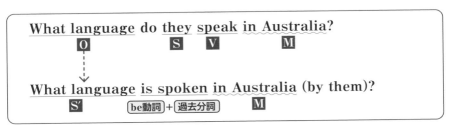

　次は能動態なのか受動態なのかを考える 例題 をやってみましょう。

例題

次の（　　）内から適当な語を選びなさい。

(1) My mother was (made, making) a cake with my sister then.
(2) This cake was (made, making) by my mother.
(3) The students are (swimming, swum) in the pool.
(4) Stars are (seeing, seen) in the sky at night.
(5) What (can, are) you (see, seen) in this picture?

解答

(1) making ／「母はそのとき姉［妹］とケーキを作っているところでした」
(2) made ／「このケーキは母によって作られました」
(3) swimming ／「生徒たちはプールで泳いでいるところです」
(4) seen ／「星は夜に空で見られます」
(5) can, see ／「この絵の中にあなたは何が見えますか」

語句　(1) cake「ケーキ」 (3) pool「プール」 (4) sky「空」／ night「夜」

解説

この問題は、どうやって解いたらいいと思いますか？

能動態は動作をする側が主語、受動態は動作を受ける側が主語なので、その動作をするのか、されるのかをはじめに考えればいいですか？

そうなのですが、その場合は日本語で考えることになりますよね？　どのようにして受動態を作ったかを思い出してください。目的語を主語にしますから、受動態になったら(他)なのにあとに続く名詞がなくなるのがわかりますか？　受動態ではこの気づきが大事ですよ。

英語のツボ(61)

■受動態→他動詞なのに、後ろに名詞がない♪

日本語訳で考えると痛い目にあいますよ、と先ほども言いましたね。

(1)と(2)はどちらも動詞がmakeなのでわかりやすいです。(1)はmake

の目的語 a cake があとにあるので能動態、(2)は目的語がないので受動態です。

(3)は、後ろに名詞がありません。でも、受動態とすぐに判断してはいけません。swim は他ですか、自ですか。

自です。

そうですね。自にはもともと目的語にあたる名詞がないので、受動態になりません。だから過去分詞は置けず、現在分詞の **swimming** になり、現在進行形の文です。

英語の ツボ㉒
■**自動詞の文は受動態にならない♪**

(4)(5)はどちらも動詞は see です。

see は他で、後ろに名詞がないから受動態ですね。

両方ともですか？

ちがいます！　(5)は後ろに名詞がないですが、それが疑問代名詞 what になって前に移動しています。なので、受動態ではありませんね！

よくできました！　だから、(4)は **seen**、(5)は **can, see** ですね。

形容詞的用法の不定詞のときにも説明しましたが、他と自の判断はどのような場合でも必要です。そして、他のあとに名詞がないときは、それは必ずどこかに移動しているということです。疑問詞になったり、修飾される名詞になったり、受動態の主語になったり…、「移動している」こと

が明確にわかるように考えることが英語の力をつけるコツです。

　受動態は、能動態の目的語を主語にしますから、受動態の文を作る場合は、まず動詞の主語と目的語、そして修飾語が何かを考えることが大切です。もっと簡単にいえば、能動態の文を書いてみることです。

英語の ツボ㉝
■**受動態の文を書くために、まず能動態の文を書いてみる♪**

　このことをふまえて、次の練習問題を解いてみましょう。

練習問題 ❹
次の日本語に合うように、（　　　）内の語句を並べかえなさい、ただし、不足する1語を補うこと。
(1) メキシコではスペイン語を話します。
　　(Mexico / Spanish / spoken / is).
(2) この本はスペイン語で書いてあります。
　　(this book / Spanish / written / is).
(3) この絵は父が描いたものです。
　　(this picture / my father / painted / was).
(4) この学校では、いくつの言語を教えていますか。
　　(how many / this school / taught / at / languages)?

解 答
(1) Spanish is spoken in Mexico.
(2) This book is written in Spanish.
(3) This picture was painted by my father.
(4) How many languages are taught at this school?

語句 (1) Mexico「メキシコ」／ Spanish「スペイン語」

解 説
　(1)動詞speakの主語は「人」、目的語は「言語」、「メキシコでは」は修飾語になる部分です。能動態の文はThey speak Spanish in Mexico. になります。補う語は、場所の前置詞 in です。「メキシコでは」とあるからといってMexicoを主語にしようとした人はいませんか？　そのようなま

248

ちがいをしないためにも、きちんと能動態の文を作ってから解きましょう。

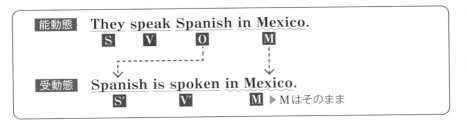

(2)動詞writeの主語は「人」、目的語は「書く物」(この問題ではthis book)、「スペイン語で」は修飾語になる部分です。言語名につく前置詞inを補います。

(3)動詞paintの主語は「人」、目的語は「描いた物」(この問題ではthis picture)です。My father painted this picture. が能動態の文ですがwasがあるので、受動態にし、動作主を表すbyを補いましょう。

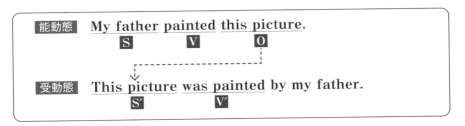

(4)動詞teachの主語は「人」、目的語は「学科」(この問題では「言語」)、「この学校では」は修飾語になる部分です。How many languages do they teach at this school? が能動態の文になります。taught があるので、受動態にするために正しいbe動詞を補ってください。

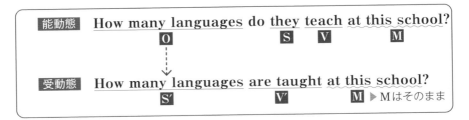

☑ 第4文型 (S V O O) の受動態の文を作る ▶ 1
☑ 第5文型 (S V O C) の受動態の文を作る ▶ 1
☑ 動作主を by 以外の前置詞で表す表現を知る ▶ 2

今回は、受動態の続きです。

レッスン 1 第4文型(SVOO)・第5文型(SVOC)の受動態

第4文型は、目的語が2つあるので、原則2通りの受動態の文を作ることができます。

◆第4文型 (目的語が2つある文) の受動態

My father gave me this watch. 「父が私にこの腕時計をくれました」
　　S　　　V　　O　　O

→人を主語 I was given this watch by my father.
　　　　　S'　　V'
　　　　　　　　　　　　「私は父にこの腕時計をもらいました」

→物を主語 This watch was given (to) me by my father.
　　　　　　　S'　　　　V'
　　　　　　　　　　　　「この腕時計は、父にもらったものです」

「物を主語」の文で、me の前の to を (to) にしたのは、能動態の文を My father gave this watch to me. に書き換えた場合の受動態だと考えればわかります。修飾語は受動態によって影響を受けませんからね。ただし、My father gave me this watch. の受動態でも、to を書くほうが一般的だとされています。

第5文型は目的語が1つなので、1種類の受動態しか作れません。OとCにイコール関係があるとはいえ、Cを主語にすることはできません。

◆第5文型(〈目的語＋補語〉がある文)の受動態

We call him Tom.
S   V   O   C 「私たちは彼をトムとよびます」

→**He is called Tom.**
S'   V' 「彼はトムとよばれています」

練習問題

次の能動態の文を受動態の文に書き換えなさい。

(1) Mr. Kato teaches us math.

(2) They named their baby Kotaro.

(3) What do you call this fish in English?

解答

(1) We are taught math by Mr. Kato. / Math is taught (to) us by Mr. Kato. /「私たちは加藤先生に数学を教えられています／数学は加藤先生から教えてもらっています」

(2) Their baby was named Kotaro. /「彼らの赤ちゃんはコウタロウと名付けられました」

(3) What is this fish called in English? /「この魚は英語で何とよばれますか」

解説

目的語を2つとるかどうかから確認します。be動詞の時制、不規則動詞の過去分詞にも気をつけましょう。

(1)teachは目的語を2つとる第4文型(SVOO)の動詞なので、usの主格を主語にした文とmathを主語にした文の2種類の受動態が作れます。

(2)nameは目的語を1つとる第5文型(SVOC)の動詞です。動詞の直後の名詞が受動態の文の主語になります。

(3)この文は第5文型(SVOC)で、目的語は動詞callのあとの名詞this fishです。補語は固有名詞になることが多いので、それがwhatとなって文頭に出ています。

「受動態とは、能動態の目的語を主語にした文♪⇒ 第21節 英語の ツボ60」なので、必ず能動態の目的語を主語にするところから考え始めてください。

文を書くときは、be動詞と過去分詞をどこに置くかチェックしましょう。

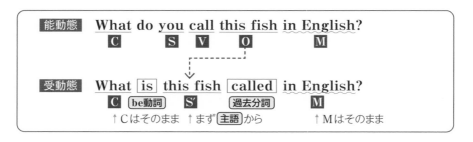

レッスン2　動作主を by 以外の前置詞で表す表現とその他の熟語

　動作主を言いたいときは by を用いるのが基本ですが、by 以外の前置詞を用いる場合があります。

◆動作主を by 以外の前置詞で表す表現

感情を表すもの	be surprised at 〜	「〜に驚く」
	be interested in 〜	「〜に興味がある」
make 関連	be made of〔材料〕	「〜でできている」
	be made from〔原料〕	「〜から作られる」
	be made into〔製品〕	「〜に作られる」
その他	be covered with 〜	「〜でおおわれている」
	be filled with 〜	「〜でいっぱいになる」
	be known to 〜	「〜に知られている」

　熟語として覚えてしまえばよいのかもしれませんが、「感情」を表す語句は受動態なのに、日本語の訳が能動態のようではありませんか？　「〜られる；〜される」という訳が受動態だという覚え方はよくないと話した理由は、このような例があるからなのです。
　なぜ、「感情」を表すものは能動態のような意味になるのでしょうか。それは、受動態の原点にもどればわかります。受動態は、能動態の目的語を主語にするのでしたね。surprise や interest は次のような意味を持つ他動詞です。

surprise 他	「(物などが)〔人〕を驚かせる」
interest 他	「(物などが)〔人〕に興味を持たせる」

　もともとの動詞の意味が受動態みたいですね。私たち日本人は、人間の感情は人間の心の中から自然にわき起こるものだと思いがちですが、英語を話す人たちは、「**人間の感情にはその原因がある**」と考えているのです。その原因にあたるものがsurpriseやinterestの主語になり、人が目的語になるのです。英語にはこのタイプの動詞がとても多いです。

　surpriseで説明すると、次のような能動態の文があるということですね。

確認しよう

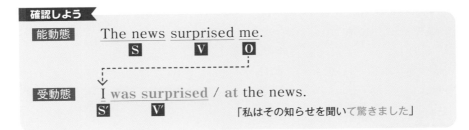

　surpriseの主語にあたるものが、本当に動作主だと考えられるときは受動態にして、これまでどおりbyを使って動作主を表すこともあります。しかし、atには「～を聞いて；～を見て；～を知って」という意味があるため、byよりatのほうが自然だと考えられ、be surprised at ～で熟語になりました。be interested in ～も同様です。

確認しよう

・I am interested in American history.

「私はアメリカの歴史に興味があります」

　make関連は、of / from / into、それぞれの前置詞の意味を知っていれば理解できます。of は比較のときにも話しましたが→ 第19節 、「全体から部分を切り取る」意味があるので、何かを切り取って作られたものだと考えられるのがbe made of ～の感覚です。切り取って作ったものなので、見て何で作られているかがわかる感じですね。

・ This bridge **is made of** wood. 「この橋は木でできています」

fromは出身を表すときに用いましたね。「始まりの点」を表します。何かを作るときに、最初のもととなるもの、つまり原料ですね。原料をもとに、化学的、物理的変化を経て製品になるので、見て何でできているのかよくわからない感じのものだと思えばよいかもしれません。

その反対がintoです。**into**は「〜の中へ」という意味ですが、それが「変化」を表すことになるのです。ですから、何かを作った最終地点、つまり製品を表します。

・ Butter **is made from** milk. 「バターは牛乳から作られます」
・ Milk **is made into** butter. 「牛乳はバターになります」

その他は覚えてください。**with**は「道具」、**to**は「到達地点」だと考えるとよいと思います。

・ The mountain **is covered with** snow.

「その山は雪でおおわれています」

・ His name **is known to** everyone.

「彼の名前はみんなに知られています」

次の日本語に合うように、下線部に適当な語句を書きなさい。
(1) あなたは私の祖母の顔に驚くでしょう。

You will _____ my grandmother's face.

(2) あなたはどの教科に興味がありますか。

_____ in?

(1) be surprised at
(2) What subject(s) are you interested

254

解説

　surpriseやinterestは人が目的語になるので、人が主語になった場合は受動態で表します。過去分詞に続く前置詞にも注意しましょう。

　⑴主語はyouなので受動態です。**be surprised at** 〜の表現を使って表します。

　⑵主語はyouなので受動態で、**be interested in** 〜を使います。inのあとの名詞がwhat subject(s)となって文頭に移動した形です。

練習問題 ❷

次の英文の（　　　）内に、[　　　]内から前置詞を選んで書きなさい。ただし、1度ずつ用いること。

⑴ The sky was filled (　　　) clouds.

⑵ This doll is made (　　　) paper.

⑶ Grapes are made (　　　) wine.

⑷ The scientist is known (　　　) everyone in the world.
　[into　with　to　of]

解答

⑴ with ／「空は雲でおおわれていました」

⑵ of ／「この人形は紙で作られています」

⑶ into ／「ぶどうはワインになります」

⑷ to ／「その科学者は世界中の人々に知られています」

語句　⑶ grape「ぶどう」

解説

　すべて動作主をby以外の前置詞で表す受動態です。

　⑵doll「人形」がpaper「紙」という材料で作られているのでofを使います。

　⑶grapes「ぶどう」はwine「ワイン」になるのでintoを使います。

　では、第21節で学んだ受動態の基本的な考え方を含め、総復習の作文問題をいっしょに解いてみましょう。ちょっと難しいですが、がんばりましょう！

次の日本語を、受動態を用いて英語になおしなさい。

(1) その女性を私に紹介してくれたのは、私の兄です。

(2) オーストラリアでは、カンガルーを見ることができます。

(3) この鳥は日本語で何と言いますか。

(4) 私は母から、父はカナダで生まれたと聞いています。

　　[I を主語にして]（ヒント：使う動詞は tell です）

解答

(1) The lady was introduced to me by my brother.

(2) Kangaroos can be seen in Australia.

(3) What is this bird called in Japanese?

(4) I am told by my mother that my father was born in Canada.

語句　(1) introduce「紹介する」　(2) kangaroo「カンガルー」

解説

　受動態を用いて英文を書くコツは、とにかく「**受動態の文を書くために、まず能動態の文を書いてみる♪**　➡ 第21節 **英語の** **ツボ㊼**」です。極端な言い方をすれば、能動態の文がきちんと書ければ、９割できていることになります。

　(1)「紹介する」はintroduceですが、あとに続くものをしっかり覚えましょう。せっかくですので、受動態でよく用いられるA to B型の動詞を覚えておきましょう。

◆ **A to B 型の動詞**

take A to B	「AをBに連れて行く」
invite A to B	「AをBに招待する」
introduce A to B	「AをBに紹介する」

　では、能動態の文を書いてみます。主語はmy brother、Aにあたる目的語がthe ladyですね。そして、能動態の文に、S・V・O・C・Mを書き込むとわかりやすいです。これを書き込むために、品詞とS・O・C・Mの関係を 第12節 で学びましたね。

能動態	My brother introduced the lady to me.
	S V O M

受動態	The lady was introduced to me / by my brother.
	S′ V′ M ▶ Mはそのまま

（2）see は「人」が主語で、「見る対象」、つまりここではカンガルーが目的語です。「オーストラリアでは」が修飾語です。第21節 の「メキシコではスペイン語を話します」と同じ考え方です。「できます」なので、can を用いて能動態の文を書きましょう。They can see kangaroos in Australia. これを受動態にできますか？

> kangaroos が主語になるのはわかりますが、助動詞があるときは動詞はどうすればいいでしょうか？

助動詞がある、と思うと身構えてしまいますが、未来の文の受動態の文はやりましたよね？ 動詞はどうなりましたか？

> 受動態は be 動詞が時制を表すので、be 動詞を未来形にして、〈will be ＋過去分詞〉でした。

そうですね。will が can になったと考えればよいのです。will も can も同じタイプの助動詞ですからね。動詞の部分は足し算で考えるとわかりやすいです。

受動態の動詞の形		〈**be動詞** ＋過去分詞〉
	can	**be** ▶ ここはbe動詞の原形になる
助動詞とその接続の形	助動詞 ＋	動詞の原形

修飾語は受動態による影響がありませんでしたね。能動態がしっかり書ければ、修飾語はただうつすだけでよいので、とても安心ですね。

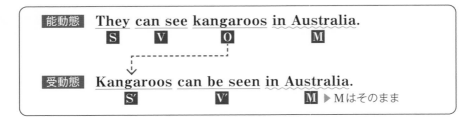

（3）この「言う」は要注意です。第13節でも説明しましたが、「言う」といっても、sayを使ってはいけません。sayは言った内容が目的語であって、イコール関係の名詞を2つ後ろに置くことはできません。「言う」ですがcallを使って能動態の文を作ります。

英文にS・V・O・C・Mを書き込み、能動態の目的語を主語にするところから始めましょう。そして、be動詞と過去分詞をどこに置くかをチェックします。

（4）第13節で、「話す」タイプの動詞を4つ示しました。tell→say→speak→talk この順が大事だと説明しましたね。

 なぜこの問題で tell を使うのか、さっぱりわかりません。

tellはどんな動詞だったか覚えていますか？　tellは2つ目的語をとる動詞で、ほかの3つとちがい、tellのみ「人」を目的語にとることができました。ということで、まずはtellを使って能動態の文を作ってみましょう。

「母から聞いている」ということは、tell の主語が my mother、そのあとに2つ目的語を置くわけですね…。「人」は me です。「もの」の部分は「父はカナダで生まれた」ですか？

　My mother tells me までは合っています。「もの」にあたるところが文になりますね。目的語は名詞なので、どうなりますか？

もしかして that 節ですか？

　そうです。名詞節を導く接続詞 that を用いて、そのあとの文を書きましょう。「父はカナダで生まれた」は書けますか？　これも実は受動態を使うのです。

「生まれた」なんて、全然受動態らしくない訳し方ですね。

　そうですね。「生まれる」はbe bornを用います。bornはbearの過去分詞です。ちなみにbearには「熊」という意味もありますが、ここでは関係ありません。bearは他で「〔女性が〕（子ども）を産む」という意味ですから、お母さんのおなかから出てきた子どもが主語になると受動態になるのですよ。能動態の文はMy mother tells me that my father was born in Canada. です。

My mother tells me 〔that my father was born in Canada〕.
　　S　　　　V　O　　　　　　　　　O

I am told by my mother 〔that my father was born in Canada〕.
S'　V'
　　　　　　　　　　▶ that 節（残りの目的語）はそのまま書く

---

by my motherは文末でもよいですが、この位置のほうがどこを修飾しているかわかりやすいです。tell＋人＋ものの「人」を主語にした受動態を作ることになるので、「もの」にあたる目的語〔that my father was born in Canada〕はそのまま残ります。

　それでは、2年生の最後は次の問題を解いて終わりましょう。

チャレンジ問題

次の文を、受動態を用いて、英語になおしなさい。
(1) 私は父に、その公園に連れていってもらいました。
(2) この部屋は、毎日そうじしなければなりません。
(3) この花を英語で何と言いますか。

解答

(1) I was taken to the park by my father.
(2) This room must be cleaned every day.
(3) What is this flower called in English?

解説

　まずは、「受動態の文を書くために、まず能動態の文を書いてみる♪ ➡ 第21節 **英語の ツボ⑬**」から始めるのでしたね。
　(1)take A to Bで「AをBに連れていく」という意味でした。Aにあたるのが「私」、Bにあたるのが「その公園」、take の主語が「父」です。My father took me to the park. が能動態の文です。目的語はme です。the park ではありませんでしたね。to the parkは修飾語で、受動態になっても影響を受けない部分です。
　(2)mustを用いて能動態の文を書きます。You must clean this room every day. です。
　(3)この問題の「言いますか」はsayではなく、callを用いるのでした。正しくWhat do you call this flower in English? と能動態の文が書けましたか？　この文にＳＶＯＣＭを書き加え、目的語を主語にするところから始めてください。

MEMO

本文語句のリスニング

赤シートも使って
正しく音読しよう！

- 本文中に出てきた語句がまとめられています。
- 日本語と英語の音声が収録されています。
- 音声ダウンロード方法はp.9に書かれています。

第1節 動詞・名詞

MP3 01

①	□簡単に	□easily	⑲	□（〜を）勉強する	□study
②	□問題	□question	⑳	□〜をそうじする	□clean
③	□〜を解く	□answer	㉑	□今	□now
④	□昼食	□lunch	㉒	□go（行く）の過去形	□went
⑤	□パン	□bread	㉓	□そこで;そこへ	□there
⑥	□〜を食べる	□eat	㉔	□電車	□train
⑦	□台所	□kitchen	㉕	□先月	□last month
⑧	□〜に電話をかける	□call	㉖	□先生	□teacher
⑨	□〜のうちの1つ［一人］	□one of	㉗	□〜のそばに	□by
⑩	□友達	□friend	㉘	□背が高い	□tall
⑪	□毎日	□every day	㉙	□ここに	□here
⑫	□聞く	□listen	㉚	□〜を持っている	□have
⑬	□音楽	□music	㉛	□ペン	□pen
⑭	□部屋	□room	㉜	□右手	□right hand
⑮	□そのとき	□at that time	㉝	□黒板	□blackboard
⑯	□滞在する	□stay	㉞	□父	□father
⑰	□〜が好きだ	□like	㉟	□アイルランド	□Ireland
⑱	□アメリカ	□America	㊱	□島国	□island country

第2節 形容詞・副詞

①	□ 簡単な	□ easy		⑫	□ 今日	□ today
②	□ 大きな；広い	□ large		⑬	□ 歌う	□ sing
③	□ 家	□ house		⑭	□ ゆっくり	□ slowly
④	□ come（来る）の過去形	□ came		⑮	□ 話し手	□ speaker
⑤	□ 突然	□ suddenly		⑯	□ 速い、速く	□ fast
⑥	□ 止まる	□ stop		⑰	□ ランナー	□ runner
⑦	□ ときどき	□ sometimes		⑱	□ 走る	□ run
⑧	□ 電車に乗る	□ take a train		⑲	□ 注意深い	□ careful
⑨	□ サッカー選手	□ soccer player		⑳	□ 注意深く	□ carefully
⑩	□ 暑い	□ hot		㉑	□ 運転手	□ driver
⑪	□ 外で	□ outside				

第3節 現在・過去 MP3 03

① □買い物に行く	□go shopping	⑱ □〜を書く	□write
② □毎週土曜日に	□every Saturday	⑲ □手紙	□letter
③ □お母さん	□mother	⑳ □おば	□aunt
④ □働く	□work	㉑ □泳ぐ	□swim
⑤ □宿題	□homework	㉒ □海	□sea
⑥ □夕食前に	□before dinner	㉓ □ネコ	□cat
⑦ □中華料理	□Chinese food	㉔ □横たわる	□lie
⑧ □遅く起きる	□get up late	㉕ □いす	□chair
⑨ □この前の日曜日	□last Sunday	㉖ □生徒	□student
⑩ □〜を読む	□read	㉗ □スキーをする	□ski
⑪ □本	□book	㉘ □いつも	□always
⑫ □数学	□math	㉙ □たいてい	□usually
⑬ □疲れている	□tired	㉚ □ピアノ	□piano
⑭ □かばん	□bag	㉛ □しかし	□but
⑮ □テーブル	□table	㉜ □〜ごろ	□about
⑯ □1時間前	□an hour ago	㉝ □電話	□phone
⑰ □昨日の午後	□yesterday afternoon	㉞ □そのとき	□then

第4節 未来 MP3 04

① □寒い	□cold	⑲ □誕生日プレゼント	□birthday present
② □child（子ども）の複数形	□children	⑳ □〜を開ける	□open
③ □映画	□movie	㉑ □窓	□window
④ □〜を買う	□buy	㉒ □雨が降る	□rain
⑤ □その店で	□at the store	㉓ □家に	□home
⑥ □〜を訪れる	□visit	㉔ □〜を手伝う	□help
⑦ □パリ	□Paris	㉕ □すてきな；よい	□nice
⑧ □〜に向けて出発する	□leave for 〜	㉖ □Tシャツ	□T-shirt

⑨ □ 〜を使う　　　□use
⑩ □ 車　　　　　　□car
⑪ □ 美術館　　　　□museum
⑫ □ 日本　　　　　□Japan
⑬ □ 来月　　　　　□next month
⑭ □ 〜を開く　　　□have
⑮ □ 大きな　　　　□big

⑯ □ コンサート　　□concert
⑰ □ おじいさん　　□grandfather
⑱ □ 〜をあげる　　□give

㉗ □ 夏　　　　　　□summer
㉘ □ 〜を見せる　　□show
㉙ □ 〜を着ている　□wear
㉚ □ 〜がほしい　　□want
㉛ □ もちろん　　　□sure
㉜ □ おいしい　　　□delicious
㉝ □ ラーメン　　　□ramen noodles

㉞ □ 天気　　　　　□weather
㉟ □ 雪が降る　　　□snow
㊱ □ 中国　　　　　□China

第5節 will と shall　MP3 05

① □ 〜を運ぶ　　　□carry
② □ 荷物　　　　　□baggage
③ □ 〜を閉める　　□close
④ □ ドア　　　　　□door
⑤ □ 散歩に行く　　□go for a walk
⑥ □ コーヒー　　　□coffee
⑦ □ たくさんの　　□a lot of
⑧ □ 忙しい　　　　□busy

⑨ □ 1杯の〜　　　□a cup of 〜
⑩ □ お茶　　　　　□tea
⑪ □ おどる　　　　□dance
⑫ □ 〜に応答する　□answer
⑬ □ 待つ　　　　　□wait
⑭ □ 〜の前で　　　□in front of
⑮ □ 〜に入れる　　□put 〜 in

第6節 助動詞 MP3 06

①	□ ～を洗う	□ wash	⑪	□ 野球	□ baseball
②	□ 皿	□ dish	⑫	□ 公園	□ park
③	□ Eメール	□ email	⑬	□ ～を運転する	□ drive
④	□ リンゴ	□ apple	⑭	□ 中国語	□ Chinese
⑤	□ 週末	□ weekend	⑮	□ 先週	□ last week
⑥	□ 起きる	□ get up	⑯	□ ～に遅刻する	□ be late for
⑦	□ 一生懸命に	□ hard	⑰	□ ～に会う	□ see
⑧	□ テレビを見る	□ watch TV	⑱	□ 座る	□ sit
⑨	□ 長い時間	□ for a long time	⑲	□ スケートをする	□ skate
⑩	□ 目	□ eye	⑳	□ ～を見逃す	□ miss

第7節 名詞節を導く接続詞 MP3 07

①	□ ～がほしい	□ want	③	□ 英語の先生	□ English teacher
②	□ 住む	□ live	④	□ 看板	□ sign

第8節 副詞節を導く接続詞（1） MP3 08

①	□ うれしい	□ happy	④	□ 若い	□ young
②	□ 微笑む	□ smile	⑤	□ イングランド	□ England
③	□ 熱	□ fever			

第9節 副詞節を導く接続詞（2） MP3 09

①	□ 晴れている	□ sunny	⑨	□ みんな	□ everyone
②	□ 明日	□ tomorrow	⑩	□ 新しい	□ new
③	□ 家にいる	□ stay home	⑪	□ 曲がる	□ turn
④	□ ～(すると)すぐに	□ as soon as	⑫	□ 左(に)	□ left
⑤	□ ～に着く	□ get to	⑬	□ 角	□ corner
⑥	□ 空港	□ airport	⑭	□ 動物園	□ zoo
⑦	□ 眠る	□ sleep	⑮	□ ～に失敗する	□ fail
⑧	□ 親切な	□ kind	⑯	□ 試験	□ exam

第10節 数量形容詞　MP3 10

① □雪の	□snowy	⑤ □雪	□snow
② □日	□day	⑥ □お金	□money
③ □ロサンゼルス	□Los Angeles	⑦ □牛乳	□milk
④ □雨の	□rainy	⑧ □コーヒー	□coffee

第11節 There is ～ . の文　MP3 11

① □～のそばに	□by	⑧ □絵	□picture
② □本棚	□bookshelf	⑨ □壁	□wall
③ □トラ	□tiger	⑩ □祭り	□festival
④ □～の近くに	□near	⑪ □町	□town
⑤ □川	□river	⑫ □消しゴム	□eraser
⑥ □卵	□egg	⑬ □ボール	□ball
⑦ □冷蔵庫	□refrigerator		

第12節 文型（1）　MP3 12

① □医者	□doctor	⑧ □美しい	□beautiful
② □おもしろい	□interesting	⑨ □美しく	□beautifully
③ □アメリカ人	□American	⑩ □お金持ちの	□rich
④ □バラ	□rose	⑪ □図書館	□library
⑤ □あまい	□sweet	⑫ □怒った	□angry
⑥ □あまく	□sweetly	⑬ □うれしそうに	□happily
⑦ □あまさ	□sweetness	⑭ □イヌ	□dog

第13節 文型（2）　MP3 13

① □ノート	□notebook	⑤ □山	□mountain
② □send（～を送る）の過去形	□sent	⑥ □日本語	□Japanese
③ □lend（～を貸す）の過去形	□lent	⑦ □花	□flower
④ □富士山	□Mt. Fuji	⑧ □魚	□fish

第14節 動名詞　　　　　　　　　　　MP3 14

① □begin（〜を始める）の過去形　□began
② □〜を描く　□paint
③ □仕事　□job
④ □難しい　□difficult
⑤ □少年　□boy
⑥ □泣く　□cry
⑦ □ソファ　□sofa
⑧ □マンガ　□comic book
⑨ □楽しみ　□fun

第15節 不定詞 （1） 名詞的用法　　　MP3 15

① □旅行する　□travel
② □世界　□world
③ □〜を一周して　□around
④ □パーティー　□party
⑤ □サッカーの試合　□soccer game
⑥ □オーストラリア　□Australia
⑦ □将来　□in the future
⑧ □科学者　□scientist

第16節 不定詞 （2） 副詞的用法　　　MP3 16

① □大切な　□important
② □スポーツ　□sport
③ □病院　□hospital
④ □おじいさん　□grandfather

第17節 前置詞　　　　　　　　　　　MP3 17

① □道　□road
② □フランス語　□French
③ □人形　□doll
④ □青い　□blue
⑤ □目　□eye
⑥ □赤い　□red

第18節 不定詞 （3） 形容詞的用法　　MP3 18

① □機会　□chance
② □箱　□box

第19節 比較 （1）　　　　　　　　　MP3 19

① □お金　□money
② □かわいい　□pretty
③ □有名な　□famous
④ □6月　□June
⑤ □4月　□April

第20節 比較 （2） MP3 20

①	□オレンジ	□orange	⑤	□秋	□fall		
②	□教科	□subject	⑥	□人気がある	□popular		
③	□季節	□season	⑦	□バスケット ボール	□basketball		
④	□春	□spring					

第21節 受動態 （1） MP3 21

①	□〜を売る	□sell	⑥	□プール	□pool
②	□野菜	□vegetable	⑦	□空	□sky
③	□〜を見つける	□find	⑧	□夜	□night
④	□言語	□language	⑨	□メキシコ	□Mexico
⑤	□ケーキ	□cake	⑩	□スペイン語	□Spanish

第22節 受動態 （2） MP3 22

①	□ぶどう	□grape	③	□カンガルー	□kangaroo
②	□紹介する	□introduce			

MEMO

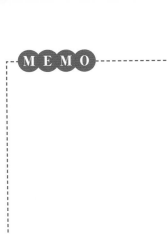

● 著者紹介

麦谷　郁子（むぎたに　いくこ）

　富山県生まれ。名古屋大学教育学部教育心理学科卒業。椙山女学園大学人間関係学部助手を経て、1991年から河合塾中学グリーンコースでの指導を開始。難しいこともやさしい言葉で解説し、成績を伸ばしてくれる先生として絶大な支持を受けるベテラン指導者。本書が初の著書。

改訂版　中2英語が面白いほどわかる本

2021年11月26日　初版発行
2024年11月10日　再版発行

著者／麦谷 郁子

発行者／山下 直久

発行／株式会社KADOKAWA
〒102-8177　東京都千代田区富士見2-13-3
電話 0570-002-301（ナビダイヤル）

印刷所／株式会社加藤文明社

●お問い合わせ
https://www.kadokawa.co.jp/（「お問い合わせ」へお進みください）
※内容によっては、お答えできない場合があります。
※サポートは日本国内のみとさせていただきます。
※Japanese text only

定価はカバーに表示してあります。